Küchenkräuter

schnell & einfach

> Autor: Engelbert Kötter | Fotografen: Henning Bornemann,
Ursel Borstell und andere bekannte Gartenfotografen

Inhalt

Gartenpraxis
Das 5-Stufen-Erfolgsprogramm

>> schnell & einfach

Gartenpraxis

Die Vielfalt der Kräuter

Die Auswahl an Kräutern ist groß, so dass für jeden Geschmack ein Kraut gewachsen ist.
Neben dem äußeren Reiz zählen die inneren Werte, durch die sich Kräuter auszeichnen. Die Art der Inhaltsstoffe, ihre Zusammensetzung und Menge ist von Kraut zu Kraut verschieden. Daraus erklären sich auch die unterschiedlichen Düfte und Würzaromen und die vielfältigsten Heilwirkungen. Kräuter sind altbekannt und werden schon seit Jahrhunderten gesammelt oder angebaut und vielseitig verwendet:
➤ als Küchenkraut zur Würze von Speisen,
➤ als Heilkraut gegen verschiedenste Krankheiten,
➤ als Zier- und Duftpflanze, einfach nur ihrer Schönheit und ihres Duftes wegen.

Würze und Heilkraft

In der Küche werden die verschiedensten Kräuter zum Würzen von Salaten, Suppen, Saucen, Fisch- und Fleischgerichten, aber auch für Süßspeisen verwendet. Einige von ihnen sind gut bekannt (z. B. Petersilie und Schnittlauch), andere wurden neu entdeckt (z. B. Koriander), aus fremden Ländern eingeführt (z.B. Gewürztagetes) oder entstanden durch intensive Züchtung (z.B. rotlaubiges Basilikum). Auch die heilende Wirkung vieler Küchenkräuter hat eine lange Tradition. Man denke nur an die Verwendung von Salbei als Tee bei Halsweh und Husten oder von Kümmel-, Anis- oder Fenchelsamen gegen Magen- und Darmbeschwerden.

Schönheit und Duft

Die Schönheit vieler Küchenkräuter verleitet dazu, sie ähnlich wie Stauden oder Balkonblumen für die Gestaltung von Garten, Balkon und Terrasse zu verwenden. Und Duftkräuter gewinnen immer mehr an Bedeutung. Zuneh-

Im Garten ist genügend Platz, um die große Kräutervielfalt anzubauen und zu nutzen.

> *Viele Küchenkräuter können auch in Töpfen und Schalen auf Balkon und Terrasse gehalten werden.*

mend werden robustere, farbigere und exotisch duftende Sorten gezüchtet.

➤ Schon die gewöhnlich im Handel erhältlichen Kräuter haben einen hohen Zierwert. Noch schöner aber sind besondere Arten und Sorten aus spezialisierten Gärtnereien (→ Seite 61), z. B. rotlaubiges Basilikum, gelblaubiges Oreganum (*Origanum* 'Thumble') oder goldlaubiger Salbei (*Salvia* 'Icterina').

➤ Gleiches gilt für die Duft verströmenden Kräuter. Wie beim Zierwert übertreffen auch hier einige Arten bekannte andere um Längen, oder sie bringen neue Noten ein, z. B. Ananas-Salbei (*Salvia rutilans*), Muskatellersalbei (*Salvia sclarea*) oder Limonenminze (*Mentha piperita* var. *citrata*).

Ein- oder mehrjährig?

Je nach Lebensdauer müssen Sie bestimmte Kräuter nachsäen oder -pflanzen. Die Botaniker teilen die Kräuter aufgrund ihrer Lebensdauer (→ PRAXISINFO) folgendermaßen ein:

➤ Einjährige Kräuter keimen, blühen und fruchten innerhalb eines Jahres und sterben dann ab.

➤ Zweijährige Kräuter treiben im ersten Jahr nur Blätter, sie blühen und fruchten jedoch erst im zweiten Lebensjahr und sterben nach der Samenbildung ab.

➤ Mehrjährige, auch ausdauernd genannte Kräuter überwintern und treiben jedes Frühjahr von neuem aus. Bei den meisten von ihnen sterben die oberirdischen krautigen Teile im

Winter ab, nur der unter der Erde liegende Wurzelstock überdauert die kalte Jahreszeit, um im Frühjahr wieder neu auszutreiben.

Ausdauernde Kräuter können ihrer Wuchsform nach noch unterteilt werden in krautige Stauden (Liebstöckel, Sauerampfer, Schnittlauch), Halbsträucher, die im unteren Teil verholzen (Lavendel, Salbei), und verholzende Sträucher (Rosmarin, Thymian). ■

Kräuter verwenden

Küchenkräuter vereinen in sich Duft, Würze und Heilkraft – eine gute Kombination für die Küche.

Würzige Kräuter sind aus der modernen Küche nicht mehr wegzudenken, und zu den

> *Die Blüten der Kapuzinerkresse eignen sich sehr gut als essbare Dekoration.*

Klassikern und alterprobten Küchenkräutern wie Petersilie, Schnittlauch und Pfefferminze gesellen sich immer mehr Arten aus anderen Ländern sowie neu hinzukommende Sorten.

Was wird verwendet?

Je nach Kraut und dessen Verwendungszweck werden von den Kräutern frische Blätter und Triebspitzen, Knospen, Blüten, Samen oder die Wurzeln geerntet.

➤ Sie sollten Blätter und Triebe am besten so lange wie möglich frisch ernten und gleich verwenden. Sie können die Würze und den Duft des Sommers aber auch auf verschiedene Weise konservieren (→ Seite 42).

➤ Verwenden Sie besonders schöne Kräuterblüten, z. B. von Boretsch oder Kapuzinerkresse, als zierende und zugleich essbare Dekoration. Achten Sie darauf, dass die Blüten voll aufgeblüht und unbeschädigt sind.

➤ Würzende Samen, z. B. von Dill oder Fenchel, werden erst mit ihrer Reife geerntet. Sie können dann entweder sofort verwendet oder aber getrocknet aufbewahrt werden.

➤ Wurzeln, z. B. vom Meerrettich, werden nach dem Einzug der Blätter im Herbst bis zum Neuaustrieb im zeitigen Frühjahr ausgegraben und verarbeitet.

Verschiedene Aromen

Küchenkräuter lassen sich nach ihrem Aroma (→ PRAXISINFO) einteilen in:

➤ Kräuter mit frischem, säuerlichem Geschmack,

SPARTIPP

>> schnell und einfach

Preiswerte Vitamine

Kresse ist als Küchenkraut äußerst wertvoll. Sie enthält nicht nur sehr viele Vitamine, sondern schmeckt auch sehr würzig.

➤ Im Fachhandel wird erntefähige Kresse das ganze Jahr über in Schalen angeboten. Günstiger und preiswerter ist es allerdings, Kresse selbst auszusäen. Das braucht wenig Platz, geht leicht und schnell (→ Seite 22). Die Kresse keimt schon nach zwei Tagen und kann nach 3–4 weiteren Tagen geerntet werden. So können Sie Ihre Erntemengen jederzeit selbst bestimmen.

➤ Kräuter mit scharf-würzigem Geschmack,

➤ Kräuter mit besonders kräftigem Aroma und Eigengeschmack,

➤ Kräuter mit fast süßlichem Geschmack,

➤ Kräuter mit herbem oder bitterem Geschmack.

Die Kräuter können entweder einzeln wirken oder aber als Mischung (z. B. Kräuter der Provence) eine ganz besondere Würzkraft zeigen. Achten Sie jedoch darauf, von kräftig aromatisierenden Kräutern wie Liebstöckel, Kümmel oder Koriander nicht zu viele verschiedene miteinander zu kombinieren, da sie sich eventuell gegenseitig »erschlagen«. Selbst komponierte Mischungen sollten Sie jedoch erst einmal probieren, bevor Sie sie z. B. einem Salat oder einer Sauce beifügen.

Heilende Küchenkräuter

Zahlreiche Küchenkräuter haben nicht nur eine würzende, sondern auch eine gesundheitlich vorbeugende oder sogar heilende Wirkung.

➤ Frische oder getrocknete Blätter von Minze oder Melisse, als Tee zubereitet, wirken beruhigend und fördern den erholsamen Schlaf.

In Essig und Öl eingelegte Kräuter liefern auch im Winter frische Würze.

➤ Salbeiblätter als Tee zubereitet oder einfach nur frisch gekaut wirken entzündungshemmend in Mund- und Rachenraum und lindern Halsschmerzen merklich.

➤ Mit Weingeist oder Korn (38 % Vol. Alk.) angesetzte Kräuter wie Wermut oder Kümmel helfen bei Magenverstimmung.

➤ Mit Lavendel gefüllte Kräuterkissen duften nicht nur aromatisch, sie wirken auch entspannend und halten lästige Insekten fern. ■

Kräuter anbauen

Eigener Geschmack und vorhandener Platz regeln Auswahl und Menge der angebauten Kräuter.

Da Küchenkräuter am besten schmecken, wenn sie so frisch wie möglich sind, sollten Sie zumindest die für Sie wichtigsten Kräuter selbst anbauen, damit sie jederzeit zur Verwendung greifbar sind.

➤ Basilikum ist sehr kälte-empfindlich. Er darf erst ab Mitte Mai ins Freie.

Kräuter am Fensterbrett

Wollen Sie Kräuter auf der Fensterbank halten, sollten Sie Folgendes beachten:

➤ Nur die wenigsten Arten sind wirklich für den zeitweiligen Anbau auf dem Fensterbrett geeignet. Hierzu zählen vor allem Petersilie, Schnittlauch, Dill und Kerbel.

➤ Wählen Sie immer das sonnigste Fenster: Lichtmangel lässt Kräuter schlecht wachsen, besonders von Oktober bis Februar.

➤ Kontrollieren Sie die Kräuter regelmäßig auf Befall mit Blattläusen und Spinnmilben.

Kräuter auf dem Balkon

Auf Balkon oder Terrasse ist der Platz zum Anbau von Kräutern – wie auch auf dem Fensterbrett – beschränkt. Daher gilt auch hier:

➤ Pflanzen Sie in erster Linie solche Kräuter, die Sie selten oder gar nicht im Handel als frische Kräuter bekommen können.

➤ Verzichten Sie auf Kräuter, die sehr viel Platz benötigen, wie z. B. Beifuß, Boretsch, Liebstöckel oder Meerrettich.

➤ Pflanzen Sie Kräuter mit gleichen Standortansprüchen (Feuchtigkeit, Düngermenge) zusammen in ein Gefäß.

➤ Stellen Sie mehrere einzelne Töpfe auf eine Platz sparende Etagere.

➤ Verwenden Sie Etagentöpfe aus Terrakotta, in denen auf kleinstem Raum mehreren verschiedenen Pflanzen Platz gegeben wird.

➤ Pflanzen Sie Kräuter mit überhängendem Wuchs wie hängendes Bohnenkraut (*Satureja douglasii*), Thymian oder Kapuzinerkresse in Hanging Baskets.

Kräuter im Garten

Steht Ihnen zum Anbau von Kräutern ein ganzer Garten zur Verfügung, dann können Sie Ihre Lieblingskräuter in beliebiger Anzahl und an ganz verschiedenen Stellen kultivieren – und haben sogar noch genügend Platz zum Anbau ausgefallener Arten wie Ananassalbei (*Salvia rutilans*), Muskatellersalbei (*Salvia sclarea*) oder dem aparten Zitronentyhmian (*Thymus citriodorus*).

>> schnell und einfach

Kräuter aus der Natur

➤ Bärlauch wächst im April in feuchten Laubwäldern. Der typische knoblauchartige Geruch macht schon von weitem auf die Pflanze aufmerksam. Er ist es auch, der die Blätter von den sehr ähnlichen, aber giftigen der Maiglöckchen oder Herbstzeitlosen unterscheidet.

➤ Brunnenkresse kann im zeitigen Frühjahr am Rand von Fließgewässern gesammelt werden.

Buntlaubige und aromaintensive Sorten von Salbei und Thymian bereichern das Kräuterbeet.

Bedarf ermitteln

Neben dem zur Verfügung stehenden Platz zum Kräuteranbau sind für den Bedarf vor allem geschmackliche Vorlieben maßgebend:

➤ Von vielen Kräutern benötigen Sie in der Regel nur eine einzige Pflanze. Entweder weil das Kraut sehr würzig (z. B. Liebstöckel, Salbei) oder sehr ergiebig (z. B. Zitronenmelisse, Boretsch) ist.

➤ Petersilie und Schnittlauch werden am häufigsten in der Küche verwendet. Im Kräuterbeet rechnet man mit ca. 50 cm Reihenlänge für Petersilie und 2–3 Schnittlauchstauden. Auf Balkon und Terrasse reichen je 2–3 Töpfe Petersilie und Schnittlauch.

➤ Fortdauernde Ernte ist bei Melisse, Minze, Rosmarin und Salbei möglich, so dass Sie hiervon bei nur gelegentlichem Verbrauch nur je eine größere Pflanze benötigen.

➤ Von häufig verwendeten einjährigen Kräutern wie Gartenkresse oder Basilikum sollten Sie für fortlaufende Aussaaten stets ausreichend Saatgut parat halten.

Wuchsformen und Platzbedarf

✗ **ausladend oder hoch werdende Kräuter:**
Anis, Beifuß, Boretsch, Dill, Engelwurz, Estragon, Fenchel, Kümmel, Liebstöckel, Meerrettich, Melisse, Pfefferminze

✗ **mittelhohe, buschige Kräuter:**
Bohnenkraut, Kamille, Lavendel, Majoran, Pimpinelle, Ringelblume, Rosmarin, Salbei, Ysop

✗ **eher kleinwüchsige Kräuter:**
Basilikum, Kerbel, Kresse, Petersilie, Thymian

Kräuter in
neuem Gewand

Kräuter haben nicht nur ihre lukullischen und heilenden Seiten. Sie betören unsere Sinne auch durch ihren Duft und bezaubern durch attraktive Blätter und Blüten.
Die Schönheit und das Flair von Kräutern machen sie für floralen Schmuck immer beliebter. Und das hat längst nichts mehr mit dem angestaubten Image von Trockensträußen zu tun.
Mit Kräuterkissen – z. B. gefüllt mit wohltuend beruhigendem Johanniskraut – erleben Sie Kräuter buchstäblich

in neuem Gewand. Das gilt auch, wenn Sie Buntes und Blühendes aus dem Kräutergarten in Glasgefäßen dekorieren und mit Ziersand, Zierkies, Kerzen und anderen trendigen Accessoires kombinieren.
Arrangieren Sie Kräuter in mit Wasser gefüllten Schalen, dann unterstreichen Sie mit den schwimmenden Blüten und Blättern deren aparte Einzelwirkung.
Gerade der Charme des Lavendels wurde und wird gerne in floralen Dekorationen

eingesetzt. Neue Sorten wie 'Munstead' mit leuchtend tiefblauen, 'Hidcote Pink' mit rosafarbenen und 'Alba' mit reinweißen Blüten ergänzen das Lilablau der reinen Art auf schöne Weise.
Getrocknete Lavendelblüten in kleine Säckchen aus Leinen oder Batist gefüllt, sind attraktiv und – wie das Johanniskraut – eine gute Einschlafhilfe. Hierzu besonders empfehlenswert sind die Blüten des stark aromatischen Provence-Lavendels (*Lavandula* x *intermedia*).

Johanniskraut-Kissen sorgen auf angenehme und natürliche Art und Weise für einen wohltuenden und entspannten Schlaf.

Lavendelblüten geben den weißen Kerzen ein besonderes Flair und duften angenehm.

Kräutersträuße – in schöne Papiertüten gehüllt – sind eine originelle Geschenkidee.

Windlicht-Deko einmal anders: Streuen Sie anstelle von Sand einfach getrocknete Blüten in das Gefäß.

Kräuter im Garten

Ein Garten bietet viele Möglichkeiten, Kräuter in größerer Menge, Arten- und Sortenvielfalt anzubauen. Kräuter können im Garten in extra für sie angelegten Beeten oder Rabatten (→ Seite

> *Der einjährige Boretsch wächst sehr rasch zu einer großen Pflanze heran.*

26–29) untergebracht und mit den unterschiedlichsten Arten und Sorten bepflanzt werden. Sie können aber auch mit Blumen oder Gemüse zusammen gepflanzt und kombiniert werden. Mehr-

jährige, mit zunehmendem Alter immer größer und ausladender werdende Kräuter wie z.B. Liebstöckel oder Meerrettich sollten besser so weit allein stehen, dass sie reichlich Platz zur Entfaltung haben und andere Pflanzen nicht »erdrücken«.

Der geeignete Standort

Die meisten Kräuter stammen aus dem mediterranen Bereich und brauchen dementsprechend viel Licht und Wärme.
Der ideale Standort für das Kräuterbeet im Garten sollte folgende Kriterien erfüllen:
➤ Er sollte möglichst sonnig und windgeschützt sein.

➤ Er sollte bei jedem Wetter schnell und einfach von der Küche aus erreichbar sein – ohne dass Sie sich erst anderes Schuhwerk und Regenkleidung anziehen müssen.
➤ Damit Sie auch die Schönheit und den Duft aromatischer Kräutersorten genießen können, sollten Sie deren Beet in Terrassennähe anlegen.

Der richtige Boden

Zwar sind die meisten Kräuter eher genügsam, sie gedeihen aber auf lockerem und durchlässigem Boden am besten.
➤ Schwere, tonhaltige Böden sind meist sehr kalte Böden und neigen zur Staunässe.

TIPP

>>schnell und einfach

Boden prüfen

Der einfachste und schnellste Weg, die Beschaffenheit des Bodens zu prüfen, besteht darin, eine kleine Menge leicht feuchte Erde mit den Handflächen zu formen.

➤ Rieselt die Erde zwischen den Fingern hindurch, dann handelt es sich um einen eher leichten Boden mit höherem Sandanteil.

➤ Lässt sich die Erdprobe formen, heißt der Boden eher »schwer«. Mit steigendem Lehm- bzw. Tonanteil nimmt die Formbarkeit zu.

> *Lavendel und Fette Henne können sehr schön als Beetbegrenzung eingesetzt werden.*

Lockern Sie diese Böden mit der Grabgabel auf, und arbeiten Sie dann einige Eimer Sand und etwas Kompost ein.
➤ Leichte, sandige Böden sind für Kräuter fast ideal, denn sie erwärmen sich leicht und schnell. Dafür trocknen sie aber auch rasch aus, und Wasser zusammen mit Nährstoffen versickert im Untergrund. Verbessern Sie solche Böden, indem Sie über längere Zeit Humus zufügen und jährlich kalken (ca. 50 mg/m² Kalkmergel).

Boden verbessern

Mürbe und krümelige Erde bekommen Sie durch:
➤ regelmäßiges Einarbeiten von Kompost,
➤ Gründüngung, d.h. der Aussaat und späteren Einarbeitung von Stickstoff sammelnden Pflanzen wie Klee, Lupine oder aber Senfsaat (im Fachhandel erhältlich),
➤ Mulchen, d.h. die Abdeckung des Bodens mit Laub, samenfreiem Rasenschnitt, Stroh oder zerkleinerten Gartenabfällen. Diese Mulchschicht hält gleichzeitig sich aussäende Unkräuter im Zaum und verhindert ein schnelles Austrocknen des Bodens.
➤ Trockenheitsliebende Kräuter wie Lavendel, Oreganum, Salbei und Thymian erhalten als Wärmespeicher und Verdunstungsschutz lieber flache Steine ins Beet. ■

PRAXISINFO

Standortansprüche

✗ **sonnig und eher trocken:**
Anis, Beifuß, Bohnenkraut, Lavendel, Majoran, Oreganum, Pimpinelle, Rosmarin, Salbei, Thymian, Wermut

✗ **sonnig und mäßig feucht:**
Basilikum, Boretsch, Dill, Estragon, Fenchel, Kapuzinerkresse, Kerbel, Melisse

✗ **leicht schattig und feucht:**
Gartenkresse, Liebstöckel, Meerrettich, Petersilie, Pfefferminze, Schnittlauch

✗ **nährstoffreicherer Boden:**
Engelwurz, Liebstöckel, Meerrettich

✗ **nährstoffärmerer Boden:**
Kamille, Rosmarin, Salbei, Zwiebeln

Kräuter auf Balkon & Terrasse

Wer keinen Garten besitzt, kann zahlreiche Kräuter ebenso gut auf Balkon und Terrasse kultivieren.

Auf Balkon und Terrasse sind Küchenkräuter zwar in greifbarer Nähe, ebenso können Sie Kräuterduft und -schönheit aus allernächster Nähe erleben – dafür aber ist der Platz zum Anbau zwangsläufig stark eingeschränkt, und

> *Terrakottagefäße passen besonders gut zu mediterranen Kräutern.*

es gilt daher, verschiedene Kompromisse einzugehen.

➤ Etageren, Topf-Stellagen, Gitterwände und Hanging Baskets schaffen Raum für mehr Kräuter, als in Kästen und Schalen Platz finden.

➤ Verzichten Sie in erster Linie auf zu groß und ausladend werdende Arten.

➤ Kombinieren Sie Balkon- und Kübelpflanzen oder Balkongemüse mit entsprechenden Kräutern.

➤ Bevorzugen Sie wärme- und trockenheitsliebende Kräuter, die im Schutz des Hauses oft mehr Aroma und Duft entwickeln als an ihrem Platz im Garten.

Der ideale Standort

Was für Kräuter im Garten gilt, trifft auch auf Kräuter auf Balkon und Terrasse zu: Der ideale Standort ist sonnig und windgeschützt.

➤ Wichtig ist, dass Sie die Gefäße stets kipp- bzw. absturzsicher aufstellen. Dann können die Kräuter in den Pflanzgefäßen entweder en bloc zu einem »mobilen Kräutergarten-Ensemble«

> *In Schalen lassen sich Kräuter mit denselben Ansprüchen kombinieren.*

kombiniert oder aber als akzentuierende Einzelstücke verwendet werden.

Die richtige Pflanzerde

Es gibt erhebliche Unterschiede in der Qualität der Erden, die für Kräuter in Töpfen geeignet sind. Wichtig ist:

➤ Die Erde sollte einen hohen Anteil Tonminerale haben, denn diese verbessern den Wasser- und Düngerhaushalt des Bodens.

➤ Ziehen Sie gute Komposterden denen mit einem hohen Torfanteil vor.

➤ Geben Sie bei besonders trockenheitsliebenden, hart- und kleinlaubigen Kräutern wie z. B. Rosmarin oder Thymian der Pflanzerde ein Viertel Anteil Sand zum »Abmagern« zu. Die Pflanzen schießen sonst zu sehr ins Kraut – auf Kosten des Aromas.

Das passende Gefäß

Bei der Auswahl der besten Pflanzgefäße spielen nicht nur der eigene Geschmack, sondern auch praktische Erwägungen eine Rolle.

➤ Kunststoffgefäße sind leichter als irdene und deswegen einfacher zu transportieren. Beschweren Sie den Topfboden vor dem Bepflanzen mit Steinen, damit die Standfestigkeit, vor allem bei hochwachsenden Kräutern, gesichert ist.

➤ Pflanzgefäße für Kräuter sollten eine Größe von mindestens drei Litern Topfvolumen haben. Stärker wachsende Pflanzen brauchen noch größere Töpfe.

➤ Hohe Gefäße ermöglichen es, unter die Pflanzerde eine ca. 10 cm und höhere Schicht gebrochenen Blähton (so genanntes Ökostrat) als Wasserspeicher und Drainageschicht zu geben.

➤ Ziehen Sie Pflanzgefäße mit breiter Stellfläche solchen mit schmaler vor – sie stehen stabiler!

➤ *So vielfältig kann ein Kräutergarten auf der Terrasse sein.*

➤ Behälter mit Wasserreservoir (→ Seite 36/37) erleichtern die Gießpflege.

➤ Unglasierte Tontöpfe verdunsten mehr Wasser als glasierte – der Erdballen darin trocknet daher schneller aus.

➤ Achten Sie darauf, dass die Gefäße ausreichend große Wasserabzugslöcher haben, damit keine Staunässe entstehen kann.

➤ Verwenden Sie für winterharte Kräuter Gefäße aus frostsicherem Material. ◼

(→ Seite 36/37)

CHECKLISTE

Auf Sicherheit achten

✔ Testen Sie vor dem Aufstellen von Pflanzgefäßen die Tragfähigkeit Ihres Balkons.

✔ Stellen Sie sicher, dass alle Pflanzgefäße wirklich fest und absolut windsicher angebracht sind.

✔ Achten Sie darauf, dass kein überschüssiges Gießwasser von Ihrem Balkon zum Nachbarn hinuntertropft.

✔ Überprüfen Sie die Kipp- und Windwurfsicherheit größerer Gefäße.

Kräuter richtig pflanzen

Ihre volle Wuchskraft erreichen Kräuter nur, wenn sie am passenden Standort sorgfältig gepflanzt werden. Selbst vorgezogene oder gekaufte Kräuter werden entweder im zeitigen Frühjahr (ein- und mehrjährige) oder im Herbst (mehrjährige) ge-

> *Der mehrjährige Thymian kann im Frühjahr oder Herbst gepflanzt werden.*

pflanzt. Die für die meisten Küchenkräuter günstigsten Pflanzzeiten sind Mitte Mai (in wärmeren Gegenden auch schon Ende April) oder Ende September bis Ende Oktober.

Boden vorbereiten

Bevor Sie die Jungpflanzen ein- oder mehrjähriger Kräuter in den Garten oder in ein Pflanzgefäß umpflanzen, sollten Sie den Boden den Bedürfnissen der Pflanzen entsprechend gut vorbereiten.

➤ Zum guten Einwurzeln und Anwachsen benötigen alle Kräuter einen lockeren Boden (→ Seite 14/15).

➤ Für alle »Südländer«, die trockenen und mageren Boden bevorzugen, mischen Sie der Pflanzerde – ob im Garten oder im Pflanzgefäß – etwa ein Viertel Sand unter.

➤ Für Kräuter, die es etwas nährstoffreicher und feuchter mögen (→ Seite 15) mischen Sie der Pflanzerde reichlich Kompost bei.

Pflanzen vorbereiten

Bevor Sie die Jungpflanzen um- und einsetzen, müssen sie etwas vorbereitet werden.

➤ Wässern Sie die Pflanzen vor dem Einsetzen nochmals gründlich. Tauchen Sie die Töpfe dazu so lange in einen Eimer mit Wasser, bis keine Luftblasen mehr aufsteigen.

➤ Topfen Sie jetzt vorsichtig die Pflanze aus. Nehmen Sie dazu die Pflanze zwischen die Finger, drehen Sie sie auf den Kopf, und halten Sie mit der Handfläche den Erdballen fest. Klopfen Sie dann mit dem Topfrand vorsichtig auf eine Kante (Kiste, Spatengriff etc.). In der Regel löst sich der Wurzelballen nun leicht aus dem Topf.

➤ Dicht verfilztes Wurzelwerk kann vor dem Einpflanzen etwas gelockert werden.

Ins Beet pflanzen

Wenn die Pflanzen an Ort und Stelle richtig ausgelegt sind, können Sie mit dem Einpflanzen beginnen.

➤ Heben Sie mit der Pflanzkelle ein Pflanzloch aus, das so groß ist, dass der Wurzelballen ca. 2 cm tiefer im Boden sitzt als vorher im Topf und um den Wurzelballen etwa 2 cm Platz frei bleiben.

➤ Setzen Sie die Pflanze ein, und füllen Sie rundum mit Pflanzerde auf.

➤ Drücken Sie die Erde nun so an, dass das Kraut fest und gerade steht. Der Wurzelbal-

1 Pflanzloch ausheben

Lockern Sie vor dem Pflanzen die Erde gut auf. Heben Sie dann mit der Pflanzkelle ein ausreichend großes Pflanzloch aus.

2 Austopfen

Nehmen Sie die Pflanze vorsichtig aus dem Topf, und lockern Sie dicht verfilzte Wurzelballen vor dem Einsetzen etwas auf.

3 Angießen

Setzen Sie die Pflanze etwa 2 cm tiefer in den Boden, als sie vorher im Topf stand. Füllen Sie rundherum Erde auf, und gießen Sie gut an.

len soll etwa zwei Zentimeter von Erde bedeckt sein.

➤ Arbeiten Sie möglichst vom Beetrand aus, damit der gelockerte Boden nicht unnötig festgetreten wird.

➤ Harken Sie den Boden nach dem Pflanzen glatt, und gießen Sie die Pflanzen an.

➤ Abschließend empfiehlt es sich, das Beet mit Rindenkompost gegen schnelles Austrocknen zu mulchen.

Gefäße bepflanzen

Pflanzgefäße werden schichtweise bepflanzt:

➤ Geben Sie zunächst auf den Boden des Gefäßes eine etwa 5–10 cm hohe Drainageschicht aus Kies, Tonscherben oder gebrochenem Blähton.

➤ Legen Sie darüber ein Vlies. So kann zwar Wasser durchsickern, aber die Drainage nicht verschlämmen. Andernfalls würde der Effekt der Boden belüftenden Drainage stark verringert.

➤ Füllen Sie nun Erde bis zur geplanten Pflanzhöhe ein, und setzen Sie die ausgetopften und gewässerten Kräuter ein.

➤ Füllen Sie mit Erde auf, und drücken Sie die Pflanzen gut an. Der Ballen sollte etwa 2 cm mit Erde bedeckt sein.

➤ Halten Sie einen Gießrand von 1–3 cm ein, damit beim späteren Gießen keine Erde ausgespült wird, die dann das gesamte Pflanzgefäß und den Standplatz verschmutzt. ■

Kräuter vermehren

> Das Vermehren von Kräutern macht nicht nur Spaß, sondern ist in der Regel auch einfach und billig.

Kälteunempfindliche ein- und zweijährige Kräuter wie Kapuzinerkresse, Petersilie und Schnittlauch können ab Mitte Mai, wenn der Boden

> *Schnittlauch kann zur Vermehrung mit einem scharfen Messer geteilt werden.*

etwas abgetrocknet und erwärmt ist, direkt ins Freiland ausgesät (Direktsaat) werden. Wärme liebende Arten können ab Februar auf der warmen Fensterbank oder im

Kleingewächshaus (Schalenaussaat) vorgezogen werden. Mehrjährige Kräuter können entweder im Frühjahr oder im Spätsommer durch Teilung oder Stecklinge vermehrt werden.

Direktsaat

Bei der Aussaat direkt ins Freiland müssen zunächst einmal der Boden gut gelockert, Unkraut entfernt und die Aussaatfläche mit einem Rechen geglättet werden.

➤ Ziehen Sie dann mit dem Rechenstiel flache Aussaatrillen auf dem Saatbeet.

➤ Beachten Sie unbedingt die Hinweise auf den Samentüten (Saattiefe, Reihenabstand etc.).

➤ Gießen Sie nach der Aussaat das Beet vorsichtig an, und decken Sie am besten eine Folie darüber, damit die Saat vor gierigen Vögeln geschützt und die Keimung beschleunigt wird.

Schalenaussaat

Kräuter, die kälteempfindlich sind, werden am besten im Haus vorgezogen und erst

nach den Eisheiligen (Mitte Mai) ausgepflanzt.

➤ Säen Sie diese Kräuter in eine mit Aussaaterde befüllte Schale. Beachten Sie dabei die auf der Samentüte angegebenen Hinweise zu Saattiefe und Saatabstand.

➤ Sprühen Sie die Pflanzerde leicht an, und decken Sie die Schale mit einer Plastikhaube oder einer Glasplatte ab.

➤ Lassen Sie die Samen an einem hellen, warmen Ort (22 °C) keimen.

1 Aussäen

Frostempfindliche Kräuter werden im zeitigen Frühjahr in Anzuchtschalen im Haus ausgesät und vorgezogen.

2 Ansprühen

Feuchten Sie nach der Aussaat das Substrat mit einer Sprühflasche oder einer feinen Brause leicht an.

3 Pikieren

Mit einem Pikierstab werden die kleinen Pflänzchen aus der Schale genommen.

➤ Versetzen (Pikieren) Sie die kräftigsten Sämlinge nach Erscheinen des ersten Blattpaares, das den Keimblättern folgt, einzeln in kleine Töpfe.

➤ Gewöhnen Sie die Jungpflanzen langsam an das Klima im Freien.

Kräuter teilen

Ausgewachsene mehrjährige Kräuter können leicht zur Vermehrung ausgegraben, mit dem Spaten oder einem scharfen Messer in etwa faustgroße Stücke geteilt und dann wieder eingepflanzt werden. Geteilt wird entweder im Spätsommer (ab September), damit die Jungpflanzen vor dem Frost einwurzeln, oder Mitte April.

Stecklinge schneiden

Von den meisten mehrjährigen Kräutern können im Sommer Stecklinge zur Vermehrung geschnitten werden.

➤ Schneiden Sie dazu mit einem scharfen Messer etwa 6–8 cm lange, noch unverholzte, aber nicht mehr sehr weiche Triebspitzen ab.

➤ Entblättern Sie die untere Hälfte, und stecken Sie die Triebe bis zum Blattansatz in Töpfe, die Sie mit feuchter Aussaaterde befüllt haben.

➤ Gießen Sie gut an, und decken Sie den Topf durch eine mit wenigen Löchern versehene Folienhaube oder Plastiktüte ab, damit ein feucht-warmes Klima entsteht, in dem die Stecklinge besser bewurzeln.

➤ Halten Sie die Stecklinge feucht, und stellen Sie sie an einen hellen, warmen Ort (etwa 25 °C).

➤ Sobald die Stecklinge neu austreiben, müssen Sie die Abdeckung entfernen und den Topf halbschattig stellen. ∎

PRAXISINFO

Aussaat in Schalen

🕐 **Zeitbedarf:**
Aussaat: ca. 30 Minuten
Pikieren: ca. 1 Stunde

Material:

✗ Samen

✗ Aussaatschalen mit Abdeckhaube

✗ Pflanztöpfchen

✗ Aussaaterde

Werkzeug:

✗ Pikierstab (zum Herausnehmen und wieder Einpflanzen der Sämlinge)

✗ Sprühflasche

Gartenkresse
selber ziehen

Küchenkräuter aussäen, wachsen sehen, ernten und verwerten – das macht Kindern viel Spaß.

Gartenkresse bietet einen großen Vorteil: Man muss nicht wochenlang warten, bis sich aus einem Samenkorn eine Pflanze entwickelt. Gartenkresse liefert ein schnelles Erfolgserlebnis und keimt schon binnen weniger Tage. Außerdem kann sie das ganze Jahr hindurch auf der Fensterbank gezogen werden.

Kresse braucht zum Keimen und Wachsen nicht einmal Erde, sie sprießt schon auf feuchtem Filterpapier oder auf feuchter Watte. Geerntet werden kann bereits 3-4 Tage nach der Aussaat:
Die Keimlinge strecken sich, die Blättchen färben sich satt-grün. Jetzt können mit einer kleinen Schere schon die ersten Portionen für den Kräuterquark, ein Butterbrot mit Radieschen und Kresse abgeschnitten werden.

Besonders lustig sieht es aus, wenn die Kresse nicht einfach in einer flachen Schale, sondern z. B. in einem Tonigel ausgesät wird. Die grünen Keimlinge wirken dann wie sprießende Stacheln.
Auch ausgeblasene, gereinigte Eier eignen sich sehr gut zur Aussaat von Kresse. Man kann mit Filzstiften lustige Gesichter auf die Schalen malen, die keimende Kresse bildet dann wuschelige grüne »Haarschöpfe«.

PRAXISINFO

Kresse ziehen leicht gemacht

🕑 **Zeitbedarf:**
ca. 30 Minuten für einen Kresseigel

Material:
- ✗ Kressesamen
- ✗ Watte oder Filtertütenpapier
- ✗ Tonigel oder flache Schalen
- ✗ durchsichtige Plastiktüte oder Plastikfolie

Werkzeug:
- ✗ Sprühflasche zum Befeuchten der Watte
- ✗ kleine Schere zum Schneiden der Kresse

- ✗ Zuerst eine etwa $\frac{1}{2}$ cm dicke Watte- oder Filterpapierschicht in der Anzuchtschale auslegen und gut anfeuchten.

- ✗ Danach den Kressesamen dicht, aber nicht übereinander auf die angefeuchtete Schicht streuen und andrücken.

- ✗ Damit die Samen besser auskeimen, über die Aussaatschale eine durchsichtige Plastiktüte stülpen.

- ✗ Nach 2–3 Tagen keimen die Samen aus. Jetzt die Plastiktüte entfernen und die Keimlinge weiterhin leicht feucht halten.

Watte auslegen

Auf Watte keimt Kresse sehr gut aus. Die Watteschicht sollte ca. einen halben Zentimeter dick, gut angefeuchtet, aber nicht tropfnass sein.

1

Samen aussäen

2

Im Tonigel wird die feuchte Watte ausgelegt und dann mit Kressesamen bestreut. Die Samen sollten dicht liegen, sich aber nicht überdecken; ist dies doch der Fall, müssen sie noch vereinzelt werden.

Kresse ernten

3

Eine Plastiktüte über dem Kresseigel sorgt für schnellere Keimung. Sie wird nicht eher abgezogen, bis die ersten Sämlinge zu sehen sind.

Mit Kräutern gestalten

Kräuter sind nicht nur Gaumenfreude – geschickte Kombination lässt sie auch zur Augenweide werden. Kräuter können für sich allein sehr schön in Szene gesetzt, aber auch mit anderen Gar-

> Gelb- und rotblättrige Kräuter bilden einen lebhaften Kontrast.

ten- oder Balkonpflanzen kombiniert werden.
Um mit Kräutern ein buntes Blumenbeet oder einen farbenprächtigen Balkon zu gestalten, reicht die Farbpalette und Blütenschönheit der

handelsüblichen Arten nicht aus. Hier müssen Sie schon gezielt nach Neuzüchtungen suchen. Blühwunder wie den dunkelblauen Rosmarin 'Seven Seas', den tiefblauen Ysop 'Blaue Wolke' oder den zauberhaften Zitronenthymian 'Villa Nova' bestellen Sie beim Gärtner besser vor, oder Sie kaufen gleich in Spezialgärtnereien (→ Seite 61).

Beete gestalten

So gestalten Sie Ihre Kräuterbeete besonders lebhaft:
➤ Setzen Sie hochwachsende Kräuter in den Hintergrund und die Mitte. Kleine Arten kommen an die Seiten und in den Vordergrund.

➤ Buntes (Blüten und auch Blätter) belebt, Grün beruhigt das Auge.

Mit Blattfarben spielen

Bei sehr vielen Kräutern kann bereits die hübsche Blattfarbe genutzt werden, um reizvolle Kombinationen in Topf und Beet zu gestalten. Nutzen Sie das Angebot der Gärtner, um aus verschiedenen Blattfärbungen und Blattformen spezieller Kräutersorten besonders attraktive Kombinationen zu erstellen.
➤ Harmonisch ruhig wirken Ton-in-Ton-Gestaltungen. Verwenden Sie dazu Pflanzen mit ähnlicher Laubfarbe, z. B. die silbrigen Blätter von Wer-

TIPP

Gestaltungshilfen

>> schnell und einfach

Mit der richtigen Idee zur passenden Zeit wird das Gestalten leichter.

➤ Rund um das Jahr werden Sie immer wieder auf nachahmenswerte Ideen und Anregungen stoßen, den eigenen Kräutergarten noch attraktiver zu gestalten. Sammeln Sie solche Ideen aus Zeitschriften, Prospekten, anderen Gärten oder eigenen Erfahrungen in einer Ideenmappe. So haben Sie eine Fülle von Varianten toller Gestaltungen zur Hand, wenn die Überlegung aufkommt: »Wie soll's denn dieses Jahr werden?«

> *Verschiedene Blattfarben und Blattformen lassen sich sehr wirkungsvoll miteinander kombinieren.*

mut, Eberraute und vielen Lavendelsorten – oder die gelblichen Blätter von Goldmelisse (*Melissa* 'Aurea'), Goldsalbei (*Salvia* 'Kew Gold') und gelblaubige Sorten des Zitronenthymians.

➤ Spannung erzeugen Kontraste wie Hell-Dunkel-Kombinationen. Pflanzen Sie doch einmal rotlaubiges Basilikum oder rotlaubigen Sauerampfer zusammen mit den genannten Sorten mit gelb gefärbten Blättern.

➤ Besonders lebhaft wirken Kräutersorten mit weißbunten Blättern, z. B. die Ingwerminze (*Mentha* x *gentilis* 'Variegata') oder die Weißbunte Kapuzinerkresse (*Tropaeolum* 'Alaska').

Blattform und -struktur

Auch die verschiedenen Blattformen und -strukturen lassen sich sehr gut als Gestaltungsmittel einsetzen.

➤ Größere, ungeteilte Blätter, wie sie z. B. Boretsch oder Kapuzinerkresse tragen, wirken als Ruhepunkte.

➤ Lebhafter wirken fiederblättrige, geschlitzte oder nadelige Blätter. Solche Blattformen finden Sie z. B. bei Dill, Eberraute, Fenchel, Kerbel oder Kümmel.

➤ Pflanzungen mit abwechslungsreichen Blattformen (z. B. nadeliger Rosmarin, langblättriger Salbei, rundblättrige Kapuzinerkresse) wirken lockerer als solche mit nur einer Blattform. ∎

So wachsen Kräuter

✗ **aufrecht:**
Anis, Beifuß, Bohnenkraut, Dill, Engelwurz, Fenchel, Kerbel, Kümmel, Knoblauch, Lavendel, Oreganum, Sauerampfer, Schnittlauch, verschiedene Zwiebelarten

✗ **buschig:**
Basilikum, Boretsch, Estragon, Gewürztagetes, Liebstöckel, Meerrettich, Petersilie, Pfefferminze, Rosmarin, Thymian, Weinraute, Ysop, Zitronenmelisse

✗ **hängend:**
Große und Kleine Kapuzinerkresse, Korsischer Rosmarin ('Corsicus Prostratus'), Kriechender Rosmarin ('Santa Barbara')

Formale Kräuterbeete

Ob Dreieck, Rechteck oder Kreis – formale Kräuterbeete folgen der Strenge klarer Linienführung.
Formale Kräutergärten, so wie sie uns von alten Kloster- oder Bauerngärten bekannt

➤ *Zu einem geometrisch angelegten Garten passt eine Buchseinfassung.*

sind, werden streng nach einmal festgelegter Geometrie gestaltet.
➤ Geometrisch angelegte Kräuterbeete harmonieren mit weiteren formalen Gartenelementen wie rechtwink-

ligen Wasserbecken, geraden Wegeführungen oder langen, geraden Hecken.
➤ Dazu passen kühle Farben, Schwarz und Weiß, symmetrische Natursteine, glänzendes Metall, glasierte Oberflächen von Kübeln und Töpfen, Formgehölze, geschnittene Hecken.

Kräuterquadrate

Kräuterquadrate sind kleine, feine Hingucker, die Sie folgendermaßen leicht selbst anlegen können:
➤ Legen Sie symmetrische, quadratische Beete mit einer Kantenlänge von ca. 100 cm in einer durch vier teilbaren Anzahl an.

➤ Umpflanzen Sie die kleinen Quadrate mit einer Buchs- oder einer Kräuterhecke aus Bergbohnenkraut, Lavendel, Oreganum, Petersilie oder Thymian.
➤ Kombinieren Sie die Innenflächen der Kräuterquadrate mit einer Bepflanzung aus Kräutern oder Gemüsen wahlweise kontrastvoll oder harmonisch zur Hecke. Kontrastvoll bedeutet, unterschiedliche Farben und Blattformen aufeinander treffen zu lassen. Harmonisch hingegen begegnen sich Umrandung und Beetbepflanzung, wenn gleiche Blattformen oder -farben (Ton in Ton) verwendet werden.

TIPP

Stilechtes Gestalten

>> schnell und einfach

Gestalten Sie Kräutergärten nach historischen Vorbildern:
➤ Interessante Anregungen für die stilechte Detailgestaltung können Sie sich z. B. in Freilandmuseen oder in restaurierten Klostergärten holen.
➤ Ein stilistisches Muss im Bauerngarten sind Gestaltungselemente wie die Buchshecke, der Staketenzaun, ein steinernes Wasserbecken, Hochstamm-Rosen und die bunt schillernden Rosenkugeln.

➤ Wählen Sie als Wegbelag zwischen den Kräuterquadraten eine Pflasterung aus quadratischen Pflastersteinen oder Platten, auch Rasen kann die Quadrate trennen. Die Wegbreite sollte nicht mehr als 50 cm betragen. Falls Sie Rasen verwenden, fassen Sie die Beete mit Kantensteinen ein!

Kräuterschnecke

In einer Kräuterschnecke oder -spirale können Kräuter mit verschiedenen Standortansprüchen auf relativ engem Raum angepflanzt werden.

➤ Errichten Sie ein spiralförmiges Mäuerchen aus großen Kieselsteinen oder Findlingen mit mindestens 1 1/2 Windungen. Das Innenmaß zwischen den Windungen sollte ca. 50 cm betragen.

➤ Der Beginn der schneckenförmigen Mauer im Zentrum der Spirale sollte etwa 80 cm hoch sein und auf ca. 20 cm Höhe an ihrem flacheren Ende auslaufen.

➤ Bis ca. 10 cm unter den Mauerrand wird das »Gehäuse« aus Mauerwerk mit Erde aufgefüllt. Verwenden Sie im mittleren Bereich sandig-kiesige Erde, gemischt mit Lehm und mineralischem Bau-

> *Eine Kräuterschnecke bietet verschiedene Standortansprüche.*

schutt. Zum flacheren Mauerende hin folgt gute Gartenerde. Mischen Sie im letzten Drittel etwa 30 % Humus und einige Schaufeln Lehmboden bei.

➤ Erhöht, in die Mitte der Spirale, werden nun Salbei, Rosmarin, Thymian, Bergbohnenkraut gesetzt. Ans humose untere Ende gehören Pfefferminze, Melisse und Brunnenkresse. Verteilen Sie im verbleibenden Zwischenstück Petersilie, Schnittlauch, Pimpinelle und Basilikum. ■

Kräuterbeete mit lockerem Flair

Frei gestaltete Kräuterbeete, das bedeutet locker geordnete Üppigkeit bis hin zu verschwenderischer Fülle. Küchenkräuterbeete, in denen frei eingestreut auch Blumen wachsen dürfen, folgen nicht dem strengen Reglement formaler Gartenbeete. In ihnen steht vielmehr die Lockerheit, die Üppigkeit nicht formierter, ungehindert gewachsener Pflanzen, die Kombination von Kräutern mit Blumen oder Rosen im gestalterischen Vordergrund.

Kräuter und Blumen
So finden Kräuter und Blumen zueinander:
➤ Pflanzen Sie in das Beet zuerst die Küchenkräuter, damit Sie sehen, wie viel Platz für Blumen übrig bleibt.
➤ Setzen Sie in den Hintergrund und an den Beetrand üppig wachsende Kräuterarten wie Boretsch, Liebstöckel und Meerrettich.
➤ Pflanzen Sie zu diesem Kräuterensemble üppig blühende Beetstauden, die sich auch gut als Schnittblumen eignen, z. B. Schafgarbe (*Achillea filipendulina*), Herbstaster (*Aster novae-angliae*), Kissenaster (*Aster dumosus*), Rudbeckie (*Rudbeckia* 'Goldsturm') und Bauernlupine (*Lupinus* x *hybridus*).
➤ Eventuelle Lücken oder fehlende Farben können Sie gut mit einjährigen Sommerblumen auffüllen.

➤ Als Accessoires passen dazu bunte Rosenkugeln oder eine lustige Vogelscheuche.

Kräuter im Steingarten
Steingärten bieten eine besonders sonnige Lage und gut durchlässigen, mageren Boden. Das sind ideale Bedingungen für sonnenhungrige Kräuter.
➤ Kräuter, die sich im Steingarten wohl fühlen, sind Lavendel, Oreganum, Rosmarin, Salbei, Thymian, Weinraute und Ysop.
➤ Gesellen Sie dazu bunt blühende Steingartenpflanzen wie Steinkraut (*Alyssum montanum*), Gänsekresse (*Arabis caucasica*) oder Grasnelke (*Armeria maritima*).
➤ Auflockernd wirken einige wenige dazwischen gepflanzte Gehölze, z. B. Zwergginster (*Cytisus decumbens*), Zwerglatsche (*Pinus mugo pumilio*) oder Blauer Kugelwacholder (*Juniperus squamata* 'Blue Star').
➤ Dazu passen kleinere und mittelgroße Findlinge und statt Mulch eine Schicht Natursteinschotter.

Im Schutz größerer Steine gedeiht der Lavendel ausgezeichnet.

Zu rosa blühenden Rosen bilden blaue Lavendelblüten einen herrlichen Kontrast, hier ergänzt durch Frauenmantel.

>> schnell und einfach

Beetformen anlegen

➤ Bestimmen Sie für quadratische, rechteckige oder dreieckige Beete die Ecken mit Pfählen, die Sie einfach mit einer Schnur verbinden.

➤ Für ein rundes Beet schlagen Sie als Kreismittelpunkt einen Pfahl ein. Markieren Sie dann mit einer Schnur, die als Schlaufe am Pfahl befestigt wird, und etwas Sand den Beetrand. Die Schnur gibt den Radius vor.

Rosen und Kräuter

Rosen und Kräuter ergänzen sich gegenseitig besonders hübsch. Für Kräuterbeete eignen sich am besten niedrige bis mittel hohe Beet- und Bodendeckerrosen und als Blickfang Hochstämmchen. Pastellfarbige Rosenblüten harmonieren in der Regel besser mit Kräutern als kräftig rote oder gelbe.

In ein Rosenbeet passen am besten buntlaubige oder auffällig blühende Kräuter. Hier einige Beispiele für besonders farbenprächtige Kräuter:

➤ Salbeisorten: 'Albiflora' (weiße Blüten), 'Rosea' (rosa Blüten), 'Berggarten' (besonders auffällige Blüte), 'Nana Alba' (klein bleibend), 'Purpurascens' (rotbuntlaubig).

➤ Ysopsorten: 'Rosea' (rosa blühend), 'Alba' (weiß blühend).

➤ Lavendelsorten: 'Munstead' (intensiv blau blühend), 'Silver Frost' (silbrige Belaubung).

Außergewöhnlich hübsche Kräutersorten finden Sie in darauf spezialisierten Gärtnereien (→ Seite 61).

So werden Kräuterbeete schöner

✗ Randsteine hindern den Rasen daran, ins Beet einzuwandern.

✗ Rindenmulch zwischen den Pflanzen erzeugt ein einheitliches Flächenbild.

✗ Im Rosenbeet mindern Unterpflanzungen mit Pfennigkraut (*Lysimachia nummularia*) oder Kapuzinerkresse das Keimen vieler Unkräuter.

✗ Staudenringe bewahren höher wachsende Kräuter und Stauden vor dem Auseinanderfallen, auch bei Regen.

Kräuter in Töpfen & Kübeln

Kräuter in Pflanzgefäßen setzen auf Balkon und Terrasse, aber auch im Garten gestalterische Akzente. Pflanzgefäße werden dort verwendet, wo für den Kräuteranbau nur wenig Platz zur Verfügung steht, kommen dort zum Einsatz, wo keine großen Erntemengen erforderlich sind, und machen sich gut, wo durch gezielte Hingucker besonders auffällige Effekte gewünscht sind.

➤ Kräutertöpfe betonen, bunt bepflanzt und dekoriert, Hauseingänge, Fassaden von Gartenhäuschen oder Ränder von Gemüsebeeten und Stellen, an denen sich Gartenwege kreuzen.

➤ Pflanzgefäße, das können auch Mini-Teiche mit einer Pflanzzone sein, die mit passenden Arten bepflanzt wird: z. B. Brunnenkresse für nasse, Minze für feuchte bis normale Erde.

Gefäße gestalten

Pflanzgefäße sind wie Beete im Kleinen:

➤ In Gefäßen können einzelne Pflanzen betont werden. Ein üppiger Lavendelstrauch z. B. macht sich gut in einem hohen, schmalen, rechteckigen Gefäß mit glänzend blauvioletter Lasur.

➤ Einzelgefäße, in denen jeweils nur stehende, füllende oder hängende Kräuter eingepflanzt sind, lassen sich zu einem großzügig wirkenden Ensemble zusammenstellen.

➤ Mit Gefäßen in gleicher Farbe oder aus gleichem Material schaffen sie einen gekonnten optisch verbindenden Zusammenhalt.

➤ Farbig glasierte Töpfe, Schalen und Kübel sorgen für den notwendigen Blickfang.

Kräuter kombinieren

In den Pflanzgefäßen können die Kräuter für sich stehen, wahlweise miteinander, aber auch mit Balkon- und Kübelpflanzen, einjährigen Sommerblumen und Gemüse kombiniert werden.

➤ Die Blüten der Kräuter spielen hierbei eine untergeordnete Rolle. Wichtig sind vor allem die Wirkung ihrer Wuchsform sowie der Farbe, Größe und Struktur ihrer Blätter.

➤ Schlicht grüne Kräuter können durch dazwischengesetzte farbige Sommerblumen in ihrer Wirkung betont werden.

➤ Verwenden Sie Kräuter mit auffälligem Laub (z. B. rot oder weißbunt) als Strukturpflanzen zu Balkonblumen.

Kräuter unter sich

Kräuter ohne Begleitpflanzen wirken am besten, wenn sie

> *Für kleinere Balkone eignen sich Hanging Baskets sehr gut.*

> *In den Balkonkasten passen Kräuter, die schnell parat sein sollen.*

zu einer separaten Kräuterecke arrangiert werden.

➤ Stellen Sie thematische Kombinationen (z. B. mediterrane Kräuter) zusammen, und ergänzen Sie diese durch passende Kübelpflanzen (z. B. Bougainvillee, Zitruspflanzen, Lorbeer, Myrte, Oleander oder Schmucklilie).

➤ Ergänzen Sie diese Arrangements mit dazu passenden Accessoires. So eignen sich für mediterrane Kräuter z. B. Sand als Untergrund, Terrakottagefäße und -figuren, ausrangierte, bunte Blechdosen für Olivenöl.

Dufterlebnis

Kräuterduft und warme Sommerabende – das passt gut zusammen und lässt sich auf Balkon und Terrasse leicht verwirklichen.

➤ Stellen Sie duftende Pflanzen stets sonnig, damit sich auch reichlich ätherische Öle bilden können.

➤ Würzigen Duft verströmen die Blätter von Basilikum, Minze, Orangenminze 'Orangina', Oreganum, Salbei, Thymian, Zitronenmelisse und Zitronenthymian.

➤ Im Fachhandel sind besonders aromaintensive Kräutersorten erhältlich, z. B. Badischer Estragon 'Baden Baden', Pfefferminze 'Multimentha', Pizza-Oreganum (*Origanum* var. *heracleoticum*), Provence-Thymian 'Fleur Provence' und Römischer Rosmarin 'Tarentinus'.

➤ Ein besonders aromareiches Duftspektrum bieten zudem die Blätter der Duftgeranien. Hier finden Sie Gerüche, die an Gewürze erinnern, an Schokolade, Minze, Zitronen und manches mehr.

Kräuter und Gemüse

Nicht nur schön, sondern auch äußerst nützlich ist die Kombination von Balkongemüse und Küchenkräutern. Interessante Zusammenstellungen für Kübel, Kästen und Töpfe sind z. B.:

➤ verschiedene Tomatensorten, unterpflanzt mit grün- und rotblättrigem Basilikum,

➤ rot blühende Feuerbohnen und einjähriges Bohnenkaut,

➤ grüner und roter Pflücksalat mit Dill, Schnittlauch und Petersilie,

➤ an Stäben aufrankende Schlangengurken und Dill,

➤ Radieschen und Schnittlauch mit kontinuierlich dazwischengesäter Kresse. ■

Tischdekoration zum
Mitessen

Bei der Sommerparty im Garten, auf Balkon und Terrasse dürfen frische Kräuter nicht fehlen.
Kräuter können eine aparte Augenweide sein und damit den Tisch zur Tafel erheben. Dann nämlich, wenn sie als Garnitur verschiedenster Gerichte und Getränke dienen. Kräuter können aber auch einen Auftritt der besonderen Art haben: als Tischdekoration zum Mitessen! Warum also die Gäste nicht einmal mit etwas ganz Ungewöhnlichem überraschen?

Der Fantasie sind beim Einsatz von Kräutern, ihren aromatischen Blättern und Trieben und ihren dekorativen Blüten kaum Grenzen gesetzt: Was gut schmeckt und dazu noch appetitlich aussieht, das ist erlaubt.
Nicht nur für Farbe, sondern auch für gute Laune sorgen die leuchtenden Blüten von Boretsch, Gänseblümchen, Kapuzinerkresse und Rosmarin, wenn Sie damit Suppen, Salate, Hauptspeisen, Desserts und Getränke dekorieren und verfeinern.

Decken Sie den Tisch mit hübschen Vasen, in denen Sie frische Würzkräuter wie Lorbeer, Petersilie, Salbei und Zitronenmelisse anbieten. Ganz nach persönlichem Gusto können sich Ihre Gäste davon Triebe und Blätter abzwicken und die eigenen Portionen individuell würzen. Oder frieren Sie verschiedenfarbige Kräuterblüten und -blätter in Eiswürfel ein, und kühlen Sie damit Sommerdrinks, leicht schmelzende Desserts oder Kräuterbutter. Das wirkt sehr attraktiv.

Bunte Blüten in Eis sind eine besonders dekorative Methode, um Getränke, Desserts oder Kräuterbutter kühl zu halten.

Küchen- und Wildkräuter sind nicht nur eine besondere Augenweide, sie verleihen auch vielen Gerichten einen besonderen Pfiff.

Frische Kräutersträuße sind nicht nur als Dekoration gedacht. Sie können damit auch prima nachwürzen.

Etwas Pflege muss sein

Die meisten Kräuter sind nicht sehr anspruchsvoll – etwas Pflege benötigen sie aber dennoch.

Zur groben Orientierung in punkto Bodenpflege, Bewässerung und Düngung können

Gießen Sie direkt an die Wurzeln und nicht auf die Blätter.

die Küchenkräuter ganz grob in zwei große Gruppen unterteilt werden:
➤ Kräuter mit zarten, leicht welkenden Blättern, die etwas mehr Wasser und Nährstoffe verlangen;

➤ verholzende, strauchartige Kräuter und solche mit behaarter oder silbriggrauer Belaubung, die Trockenheit und eher nährstoffärmere Standorte bevorzugen.

Richtig gießen

Wann Ihre Kräuter Wasser benötigen, zeigen sie meist sehr schnell selbst an: Pflanzen mit zarten Blättern welken sehr schnell. Pflanzen mit nadelartigen, behaarten oder silbergrauen Blättern dagegen ertragen eher einmal trockenen Boden.
➤ Gießen Sie frühmorgens oder am späten Nachmittag.
➤ Gießen Sie nie bei praller Sonne, denn Wassertropfen auf den Blättern wirken wie Brenngläser.
➤ Gießen Sie lieber weniger und dafür durchdringend, statt häufig und nur wenig.
➤ Lassen Sie den Boden immer erst abtrocknen, bevor Sie erneut gießen.
➤ Gießen Sie Kübelpflanzen über den Untersetzer, und schütten Sie überschüssiges Wasser nach einer halben Stunde ab.

➤ Gießen Sie nach einem trockenen Herbst immergrüne Kräuter im Garten vor dem Frostbeginn noch einmal kräftig.

Richtig düngen

Kräuter dürfen generell nicht zu stark gedüngt werden. Zu viele Nährstoffe führen dazu, dass die Pflanzen zwar sehr viele Triebe und Blätter entwickeln. Das geht allerdings zu Lasten eines kräftig ausgeprägten Aromas.

SPARTIPP

>> schnell und einfach

Seifenlauge selbst gemacht

➤ Besorgen Sie sich in Drogerie oder Apotheke reine Schmierseife.

➤ Lösen Sie 20 Gramm Seife (etwa ein gehäufter Teelöffel voll) in einem Liter heißem Wasser auf.

➤ Verwenden Sie die abgekühlte Lauge zum wiederholten Einsprühen der befallenen Pflanzen.

➤ Viele Gartenböden sind überdüngt. Beziehen Sie daher Ihren Kräutergarten in eventuelle Bodenproben mit ein, um seine Düngerreserven zu erfahren.

➤ Düngen Sie in der Wachstumszeit alle 2–3 Wochen in schwacher Dosierung.

➤ Hören Sie mit dem Düngen ab Ende Juli auf, damit die Pflanzen ausreifen und ihr volles Aroma entwickeln.

➤ Organische Dünger sind für Kräuter besser geeignet als mineralische, weil sie weniger Nährstoffe enthalten und dem Boden gut tun. Es dauert nach dem Ausbringen jedoch etwa vier Wochen, bis die Pflanzen sie aus dem Boden aufnehmen können. Düngen Sie daher frühzeitig.

Pflanzenschutz

Kontrollieren Sie Ihre Kräuter regelmäßig auf Krankheitsanzeichen oder Schädlingsbefall. Weichlaubige Arten sind in der Regel anfälliger als hartlaubige.

➤ Entfernen Sie abgestorbene Blätter und Blüten vorbeugend, um Erregern keine Nistplätze zu bieten.

➤ Tauchen Mehltaupilze (weißfilziger Blattbelag) an Ihren Kräutern auf, dann

> *Entfernen Sie welke Pflanzenteile, damit sich keine Krankheiten einnisten.*

müssen Sie befallene Blätter und Triebe abschneiden.

➤ Braune Blattflecken deuten auf Rostpilze hin. Auch hier hilft ein Rückschnitt.

➤ Gegen Blattläuse helfen Absammeln, Rückschnitt befallener Stellen oder Spritzen mit Seifenlauge (→ SPARTIPP).

➤ Chemische Pflanzenschutzmittel haben im Kräutergarten nichts zu suchen. Unrettbar stark befallene Pflanzen verbrennen, nicht auf den Kompost geben. ∎

CHECKLISTE

Spezielle Pflegemaßnahmen

✔ Dill und Boretsch säen sich leicht selbst aus. Entfernen Sie daher die reifenden Samenstände rechtzeitig!

✔ Kapuzinerkresse müssen Sie mehr als andere Kräuter auf den Befall mit Blattläusen kontrollieren.

✔ Schneiden Sie blühenden Schnittlauch bis 2 cm über dem Boden ab, damit er frisch austreibt.

✔ Stellen Sie buntlaubige Kräuter in die Sonne, damit sie ihre Färbung gut ausbilden.

Bewässerungshilfen

Bewässerungshilfen erleichtern das Gießen erheblich und sind vor allem in der Urlaubszeit praktisch.
Beete, Balkonkästen, Kübel, Töpfe, Schalen und Hanging Baskets können mit einer Bewässerungshilfe oder sogar einer Automatik mit Wasser

Kästen mit eingebautem Wasserreservoir ersparen etliche Gießgänge.

versorgt werden. Das ist spürbar weniger aufwändig, als von Hand zu gießen. Weil außerdem punktgenau gegossen wird, sparen Sie sogar noch Wasser.

Der Fachhandel bietet verschiedene Systeme an, die das Gießen erleichtern, angefangen vom Bewässerungsdocht über das Pflanzgefäß mit Wasservorrat und den Tropfschlauch bis hin zum Bewässerungscomputer.

➤ Als Voraussetzung für automatisierte Systeme wie Bewässerungscomputer oder Tropf-Blumat benötigen Sie einen im Winter entleerbaren Außenwasseranschluss.

➤ Damit der Wasserhahn nicht tropft, umwickeln Sie sein Gewinde vor dem Anschrauben einer automatischen Bewässerung zur Sicherheit mit etwas Flachsfaser oder Dichtungsband.

➤ Verwenden Sie für die mit »Unterstützung« bewässerten Pflanzgefäße hochwertige Pflanzsubstrate mit guter Wasser-Speicherfähigkeit.

Kurzzeitig bewässern

Um Kräuter in Töpfen und Kübeln für kürzere Zeit zusätzlich zu bewässern, gibt es Möglichkeiten, die nur wenig Aufwand bereiten. Diese Varianten sind nützlich,

wenn z. B. ein Feiertag oder ein langes Wochenende überbrückt werden muss.

➤ Bewässerungsdochte werden mit dem einen Ende in einen Eimer Wasser, mit dem anderen in die Blumenerde gesteckt und saugen das Wasser zur Pflanze.

➤ Bewässerungsmatten saugen sich mit Wasser voll. Die auf ihnen stehenden Pflanzen können dann entsprechend ihrem Bedarf das bevorratete Wasser aus der Matte in den Wurzelbereich ziehen, ohne direkt im Wasser zu stehen.

➤ Töpfe und Kästen mit Wasserreservoir haben einen Vorrat, der für mehrere Tage reichen kann.

Der Tropf-Blumat

Für einen Sommer fast ohne Gießarbeit können Tropf-Blumate verwendet werden.

➤ Sie werden an einen Zuführschlauch angeschlossen und in die Erde gesteckt. Der Schlauch wird, zusammen mit einem Druckminderer, an einen Wasserhahn angeschlossen. Verwenden Sie dazu eine kleine Rohrzange

1 Das System

Das Tropf-Blumat-Bewässe-rungssystem besteht aus Tropfern, Druckminderer und Zuführschläuchen.

2 Anschließen

Der Druckminderer wird am Wasserhahn angebracht, der während des Betriebes stets geöffnet bleiben muss.

3 Kegel einsetzen

Über die Tonkegel mit ihrem automatischen Ventil wird bedarfsgerecht gewässert.

sowie etwas Dichtungsband oder Flachs zum Abdichten des Wasserhahngewindes.

➤ Das System kommt ohne Strom aus: Ein Sensor öffnet und schließt durch eine Membrane ein Ventil. Bei Trockenheit gibt das Ventil Wasser frei, bei ausreichend Feuchte schließt es selbsttätig. Weil der Tonkegel Sensor und Tropfer zugleich ist, wird nur bei Bedarf bewässert.

➤ Das Einjustieren des Be-wässerungssystems benötigt etwas Zeit. Sie werden am Anfang einige Male korrigie-ren müssen. Dann aber läuft das System erfahrungsgemäß zuverlässig.

➤ Die Schläuche können draußen überwintern, Druck-minderer und Tonkegel wer-den ins Haus geholt. Vor neu-er Inbetriebnahme die Anlage reinigen!

Kontrolle muss sein

Auch ausgereifte technische Systeme können Funktions-störungen mit sich bringen, nicht zuletzt wegen unvor-hergesehener Ereignisse (z. B. wenn der Wind einen Kübel umweht).

➤ Kontrollieren Sie die Bewässerungshilfen in regel-mäßigen Abständen.

➤ Nutzen Sie ein System nur während des Urlaubs, dann installieren Sie es bereits zwei Wochen zuvor, um alle Ein-stellungen lang genug zur Probe laufen zu lassen.

➤ Bitten Sie während Ihrer Abwesenheit eine Person Ihres Vertrauens sicherheits-halber um Kontrollgänge.

➤ Stellen Sie alle automa-tisch bewässerten Gefäße so auf, dass eventuell überlau-fendes Wasser keine Folge-schäden verursachen kann! ∎

CHECKLISTE

Haben Sie vor dem Urlaub an alles gedacht?

✔ Funktioniert das Bewäs-serungssystem einwand-frei?

✔ Ist der Wasserhahn auch geöffnet?

✔ Haben Sie jemanden zum Kontrollieren beauftragt und ihm das Bewässe-rungssystem auch gut er-klärt?

✔ Liegt für den Notfall die Gebrauchsanweisung griffbereit?

✔ Entfernen Sie vorsichts-halber Übertöpfe, damit bei Regen keine Staunäs-se entstehen kann.

Rückschnitt und Winterschutz

Zum üppigen Wachstum der Kräuter gehören auch der Rückschnitt und ein guter Winterschutz.
Mit dem Rückschnitt der Kräuter wird nicht nur die Ernte eingeläutet bzw. die Pflanze auf den Winter vorbereitet. Das teilweise oder

> *Salbei wird in rauen Lagen zum Überwintern mit Fichtenreisig bedeckt.*

sogar vollkommene Zurückschneiden von Kräutern entfernt Erkrankungen ebenso wie Schädlinge. Und natürlich wird der Schnitt zum Formieren der Pflanzen zu Pyrami-

den, Stämmchen und Kugeln angewandt.
Kräuter, die nicht ausreichend frosthart sind, benötigen den Winter über im Freien entsprechenden Schutz oder müssen im Haus untergebracht werden.

Richtig schneiden

Kräuter werden auf ganz unterschiedliche Weise und zu verschiedenen Zeiten geschnitten. Generell gilt:
➤ Ein kräftiger Rückschnitt bewirkt einen langen, starken Neutrieb. Ein geringer Rückschnitt bewirkt nur einen kurzen, schwachen Neutrieb.
➤ Werden die Zweige zu lang oder bilden sich zu wenig frische Triebe, regt ein kräftiger Rückschnitt zum Neutrieb an.
➤ Nicht alle verholzenden Kräuter treiben nach dem Rückschnitt in das alte Holz zuverlässig, nach dem Rückschnitt in das noch grüne Holz aber sicher wieder aus.
➤ Einjährige Kräuter werden erst zum Erntezeitpunkt abgeschnitten.
➤ Bei Zweijährigen und nicht verholzenden Mehr-

jährigen wird lediglich abgestorbenes Laub entfernt.
➤ Mehrjährige Sträucher und Halbsträucher werden bis Mitte Juni und dann noch einmal im August bzw. September in Form geschnitten.
➤ Bei großen Kräutern wie Liebstöckel oder Fenchel sollten Sie regelmäßig die Seitentriebe entfernen, damit die Pflanzen nicht ausufern.
➤ Sehr stark von Schäden befallene Kräuter müssen bis kurz über den Boden zurückgeschnitten werden.

Geeignetes Werkzeug

➤ Für kleinere Ernten reicht eine Billigschere.
➤ Verwenden Sie für häufige und umfangreiche Schnittarbeiten ein Profigerät. Solche Geräte sind robust und zerlegbar und sind dadurch gut zu reinigen. Und Sie bekommen auch notwendige Ersatzteile dafür.
➤ Achten Sie stets auf scharfe Schneiden, und vermeiden Sie einen reißenden Schnitt. Andernfalls werden angeschnittene Blätter und Triebe vermehrt braun.

1 Zurückschneiden

Damit mehrjährige Kräuter buschiger wachsen, nicht verkahlen und gut neu austreiben, sollten sie immer wieder zurückgeschnitten werden.

2 Töpfe schützen

Noppenfolie schützt sehr gut vor starkem Frost. Lüften Sie an wärmeren Tagen immer wieder einmal, damit sich kein Schwitzwasser ansammelt.

3 Beete schützen

Eine Abdeckung aus Vlies, Reisig, Laub oder Mulch schützt Ihre Kräuter vor austrocknendem Wind und schädigender Wintersonne.

Richtig überwintern

Die Gartenkräuter sind praktisch allesamt recht winterhart. Nur in sehr rauen Lagen ist das Abdecken mit Fichtenreisig anzuraten. Raue Lagen sind solche, die besonders starken Frösten oder starken Winden ausgesetzt sind. Wohnen Sie stattdessen in wärmeren Gegenden (so genanntem Weinbauklima), erübrigt sich das Abdecken der Kräuter weitestgehend.

➤ Estragon, Salbei, Lavendel und Rosmarin müssen auf alle Fälle mit Fichtenreisig oder Vlies bedeckt werden.

➤ Pflanzen in Kübeln werden ebenfalls durch Vlies geschützt und möglichst nahe an die Hauswand gerückt.

➤ Frostempfindliche Kräuterkübel sollten Sie besser ins Haus stellen und bei 5 °C sowie hell überwintern.

➤ Kräuter in Kübeln und Kästen im Winter auf Trockenheit kontrollieren und gelegentlich etwas gießen.

➤ Im Winterquartier stehende Kräuter müssen vor dem Einwintern und ab Januar auf Schädlinge (z. B. Schild- und Wollläuse, Spinnmilben) kontrolliert werden.

➤ Ab Ende Februar können die Kräuter – falls erforderlich – umgetopft werden. Entfernen Sie jetzt auch abgestorbene Pflanzenteile, und stellen Sie die Kräuter zum besseren Austreiben an einen helleren und wärmeren Platz. ■

PRAXISINFO

Kräuter schneiden

🕐 **Zeitbedarf:**
pro Pflanze nur wenige Minuten; Pyramiden, Kugeln formieren etwa 15–30 Minuten

Werkzeug:
✗ Gartenschere
✗ Gärtnermesser

Kräuter überwintern

🕐 **Zeitbedarf:**
ca. 15 Minuten pro Pflanze

Material:
✗ Noppenfolie zum Schutz im Topf
✗ Fichtenreisig, Vlies, Laub, Mulch zum Abdecken im Beet

Küchenkräuter ernten

Jedes Kraut hat seinen besten Erntetermin. Aromen und Inhaltsstoffe sind dann besonders intensiv.
Bis Sie Ihre Kräuter endlich ernten können, braucht es eine Weile Geduld, die sich

> *Kräuterernte – sinnliche Vielfalt, die der eigene Garten schenkt.*

aber lohnt. Nach dem Säen oder Pflanzen benötigen die Kräuter einige Wochen Zeit, um ausreichend Blattmasse, Blüten und Samen, vor allem aber ein ausgeprägtes Aroma zu entwickeln.

Erste, kleinere Ernten frisch gepflanzter oder ausgesäter Küchenkräuter können Sie wagen, sobald die Pflanzen so weit gediehen sind, dass sie das Entfernen weniger Blätter oder Triebe nicht wesentlich im Wachstum zurückwirft. Gedulden Sie sich lieber so lange, bis die Pflanzen reichlich ausgetrieben haben.

Kontinuierlich ernten
Einige Kräuter wie die Immergrünen können Sie über längere Zeiträume beernten:
➤ Schon mit Beginn des Austriebes können die ersten Kräuterblätter in kleinen Mengen abgezupft werden.

➤ Schneiden Sie Schnittlauch portionsweise immer bis ca. 2 cm über dem Boden ab, dann kann er wieder frisch austreiben. Zu tiefer Schnitt tötet die Pflanze.
➤ Ernten Sie Petersilie immer von außen nach innen, und lassen Sie auf jeden Fall das Herzblatt stehen, damit die Pflanze immer wieder nachwachsen kann.
➤ Ernten Sie von schnell wachsenden Kräutern wie Liebstöckel, Pfefferminze oder Zitronenmelisse sobald wie möglich schon größere Mengen zum Konservieren. Das fördert den Austrieb zarter, junger Neutriebe für die frische Verwendung.

>> **schnell und einfach**

TIPP

Richtig ernten
➤ Als beste Tageszeit zur Kräuterernte gilt der Vormittag, sobald der Morgentau abgetrocknet ist.
➤ Am besten gelingt das Ernten mit einem scharfen Messer. Beim Schneiden mit Scheren können am Kraut unschöne, eintrocknende Schnittwunden entstehen.
➤ Ernten Sie Kräuter, die Sie konservieren wollen, getrennt nach Arten in extra Körben oder Kartons. So geraten ähnlich aussehende – wie Minze und Melisse – nicht durcheinander.

Beste Erntezeiten

Die Haupterntezeit für die meisten Kräuter liegt im frühen Sommer kurz vor und mit Beginn der Blüte, wenn die Pflanzen das beste Aroma entwickelt haben.

➤ Krautige Pflanzen wie Estragon, Minze oder Melisse, bei denen es um die Ernte der Blätter geht, werden kurz vor dem Beginn ihrer Blüte geerntet. Schneiden Sie sie ein bis zwei Finger breit über dem Boden ab. Aus den versteckten Knospen über den Wurzeln regenerieren sich die Pflanzen wieder.

➤ Ausnahmen bilden die Kräuter, von denen Samen oder Wurzeln genutzt werden: Für die Samenernte von Anis, Dill, Fenchel und Kümmel warten Sie, bis die Früchte gereift sind und trocken werden. Das ist spätestens dann der Fall, wenn die Dolden gelblich werden und zu welken beginnen.

➤ Die Wurzeln von Wurzelpetersilie, Baldrian, Meerrettich können geerntet werden, wenn die Blätter abgestorben sind. Die Erntezeit erstreckt sich vom Herbst bis kurz vor Beginn des Neuaustriebs, solange der Boden noch nicht gefroren ist.

> *Das ist Frische: vom Garten in den Korb – und gleich in die Küche!*

Kräuter aufbereiten

Vor dem Konservieren muss das Erntegut gesäubert und aufbereitet werden.

➤ Waschen Sie das Erntegut ab. Längeres Wässern laugt die Kräuter aus!

➤ Lassen Sie die nassen Kräuter gut trocknen. Schütteln Sie sie kräftig ab, und breiten Sie sie an einem schattigen, luftigen Platz auf einem sauberen Tuch locker aus. Wenden Sie die Pflanzenteile mehrmals, damit sie von allen Seiten Luft bekommen. ■

CHECKLISTE

An alles gedacht?

✔ Sind ähnlich ausschauende Kräuter nicht durcheinander geraten?

✔ Haben Sie alle schadhaften Pflanzen sowie Unkräuter aussortiert?

✔ Haben Sie das Erntegut vor der Weiterverarbeitung gründlich gereinigt?

✔ Sind durch falsches Trocknen versehentlich faulige Stellen entstanden?

✔ Sind die Kräuter auch durch und durch trocken?

✔ Haben Sie auch genügend Vorratsdosen zum Aufbewahren der Kräuter im Haus?

Kräuter konservieren

Zum Genießen rund ums Jahr lassen sich die Küchenkräuter auf verschiedene Art und Weise haltbar machen. Damit Küchenkräuter immer in ausreichender Menge zur Verfügung stehen, selbst wenn sie aus jahreszeitlichen Gründen gerade nicht erntefrisch genossen werden können, bieten sich ganz unterschiedliche Möglichkeiten zur guten Konservierung an: das Trocknen, das Einfrieren und das Einlegen in Essig oder Öl.

Kräuter trocknen

Die klassische Methode, Kräuter zu konservieren, ist, sie im luftigen Schatten zu trocknen. Dabei wird den Pflanzen langsam Wasser entzogen. So können sie nicht faulen und sind rund ein Jahr lang haltbar. Die Trocknungszeit ist witterungsabhängig – etwa drei Wochen sollten Sie dafür jedoch einplanen.

➤ Bündeln Sie die sauber aufbereiteten Kräuter mit Bindedraht oder Bindfaden zu dünnen Sträußen. Gummibänder können reißen! Zu dick gebündelte Sträuße trocknen schlecht durch oder schimmeln sogar!

➤ Hängen Sie die Kräutersträuße kopfüber an einem luftigen, trockenen und vor allem schattigen Ort auf, bis sie »rascheltrocken« sind.

➤ Samen werden – anders als Blätter und Triebe – an der Sonne getrocknet.

➤ Sie können die Kräuter auch bei etwa 35 °C im Ofen

> *Trocknen Sie Kräuter im Backofen bei ein wenig geöffneter Ofentür.*

trocknen, am besten mit Umluft. Breiten Sie dazu die Kräuter auf einem mit Backpapier ausgelegten Backrost aus. Lassen Sie die Ofentür beim Trocknen einen Spalt breit geöffnet, damit der entstehende Wasserdampf entweicht. Klemmen Sie dazu einfach einen Holzlöffel in die Ofenklappe.

➤ Die Anschaffung eines Dörrapparates ist dann rentabel, wenn Sie jährlich größere Mengen Kräuter trocknen, etwa für die Bevorratung größerer Mengen Teekräuter.

➤ Getrocknete Kräuter am besten in luftdicht schließenden Dosen oder dunklen Gläsern aufbewahren.

> *Zum Trocknen aufgehängte Kräuterbündel dürfen nicht zu dick sein.*

Kräuter einfrieren

Tiefgefrorene Kräuter kommen den frischen Kräutern in der Qualität am nächsten, denn durch das Tiefkühlen wird das frische Erntegut lediglich in einen »Tiefschlaf« versetzt. Voraussetzung dazu ist aber, dass Sie die Kräuter rasch von der Ernte bis zum Frosten verarbeiten.

➤ Verwenden Sie nur zarte Pflanzenteile. Trocknen Sie diese nach dem Waschen besonders sorgfältig ab.

➤ Zerkleinern Sie die Ernte mit einem Wiegemesser.

➤ Verteilen Sie die Kräuter nun rasch und in dünner Schicht auf einem mit Backpapier ausgelegten Backblech. Legen Sie das Ganze sofort in den Gefrierschrank.

➤ Schalten Sie Funktionen wie »Schockfrosten« oder „Superfrost" zu, damit das Frostgut schnellstens gefriert, dadurch rieselfähig bleibt und anschließend gut portioniert werden kann.

➤ Nach einem dreiviertel Jahr sollte das Gefriergut aufgebraucht sein.

Kräuter einlegen

Ebenso traditionell wie probat ist es, Kräuter in Öl, Essig oder Salz zu konservieren.

> *Viele Kräuter eignen sich hervorragend zum Einlegen in Essig oder Öl.*

➤ Vermengen Sie je 100 Gramm klein gehackte, frische Kräuter mit je 20 g Salz, und bewahren Sie diese Mischung dicht verschlossen und kühl auf.

➤ Für Kräuteressig oder -öl geben Sie einige Kräuterzweige in eine Flasche besseren Branntweinessig oder gutes Olivenöl. Lassen Sie das Ganze etwa vier Wochen ziehen. Kräuteressig und -öl sollte binnen eines dreiviertel Jahres verbraucht werden. ∎

PRAXISINFO

Richtig konservieren

✗ **Kräuter zum Trocknen:**
Beifuß, Bohnenkraut, Dill, Estragon, Lavendel, Liebstöckel, Majoran, Oreganum, Petersilie, Pfefferminze, Rosmarin, Salbei, Thymian, Ysop

✗ **Kräuter zum Einfrieren:**
Dill, Kerbel, Koriander, Petersilie, Schnittlauch, Zitronenmelisse

✗ **Kräuter in Öl:**
Lavendel, Majoran, Oreganum, Rosmarin, Salbei, Thymian, Ysop

✗ **Kräuter in Essig:**
Basilikum, Dill, Estragon

Pflanzenporträts

Klassische Küchenkräuter

Einige Küchenkräuter, wie Basilikum, Petersilie und Schnittlauch, sind wahre Klassiker und aus der Küche nicht mehr wegzudenken. Wegen ihrer vielseitigen Anwendungsmöglichkeiten werden sie zumeist täglich und in größeren Mengen benötigt: Sie runden eine Vielzahl von Gerichten im Geschmack ab und sind für die Dekoration der Speisen unentbehrlich. Nutzen Sie dazu auch die interessant wirkenden Varianten der Klassiker: rotes oder kleinblättriges Basilikum, buntblättrige Melisse und die glatt- und krausblättrige Petersilie. Die angegebenen Erntezeiten beziehen sich auf die Ernte im eigenen Garten oder auf Balkon und Terrasse. Die meisten dieser Kräuter gibt es länger im Jahr auch frisch im Handel. Zudem können Sie sich von diesen Klassikern für das an Frischkräutern ärmere Winterhalbjahr durch richtiges Konservieren leicht einen Vorrat anlegen.

Basilikum
Ocimum basilicum

Höhe: 30–50 cm
Erntezeit: Juni – November
einjähriges Gewürzkraut

➤ **ganzjährig angeboten**

Aussehen: aufrechte, stark verzweigte, vierkantige Stängel; Blätter länglich-oval, je nach Sorte hellgrün bis rot; Juli – September weiße Blüten
Boden: humos, leicht und nährstoffreich
Pflege: Aussaat nach Mitte Mai, nur dünn mit Erde bedecken; stets feucht halten
Ernte: laufend Blätter und junge Triebspitzen
Verwendung: frisch zu Tomaten, Salaten, in Kräuterbutter, Pesto und Soßen; Konservieren in Öl

Dill
Anethum graveolens

Höhe: 50–90 cm
Erntezeit: Mai – Oktober
einjähriges Würzkraut

➤ **sät sich selbst aus** ✿

Aussehen: hoher, kräftiger Stängel; Blätter feingliedrig und zart; Juni – August große, gelbe Blütendolden
Boden: humos und nicht zu trocken
Pflege: regelmäßig nachsäen; Wurzelbereich stets gleichmäßig feucht halten
Ernte: Blätter laufend frisch verwenden; Samen nach der Reife, dann trocknen
Verwendung: Blätter zu Salat, Fisch und Marinaden; Samen zum Einlegen von Gurken und zum Verfeinern von Essig

✿ pflegeleicht   ☼ Sonne   ◐ Halbschatten   ● Schatten

Petersilie
Petroselinum crispum

Höhe: ca. 30 cm
Erntezeit: April – November
zweijähriges Gewürzkraut

➤ **sehr vitaminreich** ✿

Aussehen: Blattrosette aus vielteiligen glatten oder krausen Blätter; Juni/Juli gelbliche Doldenblüte
Boden: nährstoffreich, aber durchlässig
Pflege: jährlich an anderer Stelle aussäen; keimt sehr langsam; feucht halten
Ernte: laufend frische Blätter; im Herbst die Wurzeln der Wurzelpetersilie
Verwendung: frisch, getrocknet oder eingefroren zum Würzen von Suppen, Salaten, Kartoffel- und Gemüsegerichten

Schnittlauch
Allium schoenoprasum

Höhe: ca. 30 cm
Erntezeit: April – November
mehrjähriges Zwiebelkraut

➤ **ganzjährig angeboten** ✿

Aussehen: buschiger Wuchs; runde, grasähnliche, dunkelgrüne Blätter; Juni/Juli kugelige, rosa-violette Blüten
Boden: nährstoffreich, humos
Pflege: feucht halten; vor der Blüte und im Herbst zurückschneiden; zu große Pflanzen in 2–3 gleich große Stücke teilen
Ernte: Blätter ganzjährig; Blüten zur Dekoration
Verwendung: frisch, eingefroren oder getrocknet für Salate, Suppen, Soßen, Kräuterbutter; im Frühling für erste frische Kräuterquarks

Zitronenmelisse
Melissa officinalis

Höhe: 50–100 cm
Erntezeit: Mai – November
mehrjähriges Kraut

➤ **sehr ergiebig** ✿

Aussehen: ausladender Wuchs; vierkantiger Stängel mit hellgrünem Laub; weißliche Blüten im Juli
Boden: nährstoffreich, stets gleichmäßig feucht halten
Pflege: häufiger Rückschnitt fördert die Bildung zarter Jungtriebe; Vermehrung durch Teilung oder Stecklinge
Ernte: laufend frische junge Triebe oder Blätter
Verwendung: frisch, nie mitgaren; passt zu allem, was zitronige Note verträgt; zur Dekoration von Desserts, als Tee

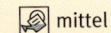

Kräuter mit zierenden Blüten

Kräuter bieten Altbewährtes – und überraschen doch immer wieder mit Neuem. Viele Küchen- und Heilkräuter, z. B. Boretsch, Kapuzinerkresse, Kamille und Ringelblume, liefern nicht nur aromatisch schmeckende Blätter und Triebe. Sie bilden auch auffällige leuchtende Blüten aus, die sich nicht nur sehr gut zum Dekorieren verschiedenster Speisen eignen, sondern auch zusammen mit diesen aufgegessen werden können. Neben den bekannten, auffällig blühenden Kräutern wie Kamille, Gewürztagetes, Lavendel, Kapuzinerkresse oder Ringelblume bieten Spezialgärtnereien (→ Seite 61) inzwischen sehr viele neue Sorten mit ausgefallenen Blütenfarben an, z. B. rosa oder weiß blühenden Lavendel oder leuchtend blau blühenden Salbei, die alle das Anpflanzen wert sind. Alle hier genannten Blütenbringer können Sie hingegen selbst aussäen.

Boretsch
Borago officinalis

Höhe: 80 cm
Erntezeit: April – November
einjähriges Würzkraut

➤ **sät sich selbst aus**

Aussehen: ausladend wachsendes Kraut mit lockerer Verzweigung und behaarten Blättern; Juni – Oktober dekorative, essbare, blaue Blüten
Boden: nährstoffreich und kalkhaltig
Pflege: Aussaat April – Juni; anspruchslos
Ernte: laufend frische Blätter, zarte Triebspitzen und Blüten, sobald sie ganz aufgeblüht sind
Verwendung: frische Blätter zu Salat und Frankfurter Soße; essbare Blüten zur Dekoration

Gewürztagetes
Tagetes tenuifolia

Höhe: 20–30 cm
Erntezeit: Juni – Oktober
einjährige Duftpflanze

➤ **attraktive Sommerblume**

Aussehen: kompakter, buschiger bis überhängender Wuchs; feingefiedertes, dunkelgrünes Laub; ab Juli kleine, einfache, gelbe oder orangefarbene Blüten mit würzigem Duft
Boden: humusreich
Pflege: anspruchslos; nicht zu feucht halten; leicht durch Samen zu vermehren, dann in Schalen vorziehen
Ernte: ab Juni laufend frische Blüten und Blätter
Verwendung: Blüten und Blätter als Gewürz und Dekoration an Salaten und Süßspeisen

✿ pflegeleicht   ☼ Sonne   ◒ Halbschatten   ● Schatten

Kamille
Matricaria chamomilla

Höhe: 20–50 cm
Erntezeit: Juni – September
einjähriges Heilkraut

➤ **sehr anspruchslos** ✿

Aussehen: verzweigter Wuchs; zart gefiederte, hellgrüne Blätter; ab Juni gelb-weiße, duftende Korbblüten
Boden: mager und trocken
Pflege: ab April ins Freiland säen; aufgehende Pflanzen auf mindestens 20 cm Abstand auslichten
Ernte: ab Juni die frischen Blütenköpfe
Verwendung: frisch zur Dekoration von Salaten und Süßspeisen; getrocknet als Tee gegen Magen-Darm-Beschwerden, bei Erkältungen

Kapuzinerkresse
Tropaeolum majus

Höhe: 30 cm
Erntezeit: Juni bis zum Frost
einjährige Schlingpflanze

➤ **sehr würzkräftig** ✿

Aussehen: bildet Meter lange, kriechende Triebe mit rundlichen, zarten Blättern; ab Mai – Oktober große, gelbe, orange und rote Blüten
Boden: nährstoffreich, feucht
Pflege: Triebe lenken oder einkürzen; auf Befall mit Blattläusen achten
Ernte: ab Juni frische Blätter, Blütenknospen und Blüten
Verwendung: frische Blätter zu Salaten, Kräuterquarks; frische Blüten als Dekoration; Blütenknospen zum Einlegen in Essig (»Falsche Kapern«)

Ringelblume
Calendula officinalis

Höhe: 50 cm
Erntezeit: April – November
einjähriges Kraut

➤ **sät sich selbst aus** ✿

Aussehen: aufrechter Stiel mit länglichen, klebrigen Blättern; von Juni – Oktober gelbe bis orangefarbene Korbblüten
Boden: kräftig, frisch
Pflege: anspruchslos; nicht zu eng säen oder pflanzen, mindestens 20 cm Abstand halten; sät sich selbst aus
Ernte: ab April laufend frische Blütenblätter zupfen
Verwendung: frische Blütenblätter sind zum Färben und Dekorieren von Speisen sehr gut geeignet; getrocknete Blütenblätter für Tees und Salben

 viel gießen   mittel gießen   wenig gießen   Topfhaltung möglich

Mediterrane Stars

Küchenkräuter aus mediterranen Herkunftsgebieten sind begehrt, denn ihre Namen lassen mehr mitschwingen als die Erinnerung an ein exzellentes Geschmackserlebnis: Knoblauch, Lavendel, Oreganum, Rosmarin, Thymian! Die ehemaligen Südeuropäer sind hierzulande längst zu echten Stars geworden. Ihre Aromaträger sind ätherische Öle. Damit diese sich ausreichend entwickeln können, müssen diese Pflanzen stets genügend sonnig und warm stehen.

Beernten Sie die Pflanzen – außer den Knoblauch – am besten mit Blütebeginn. Dann sind die Inhaltsstoffe besonders reichhaltig und die Pflanzen am aromareichsten. Mediterrane Küchenkräuter lassen sich am besten durch Trocknen oder Einlegen in Öl konservieren. Zerkleinern Sie übrigens Rosmarinblätter erst kurz vor dem Mitkochen, sonst verflüchtigen sich die Aromen schneller; auch Thymian stets mitkochen.

Knoblauch
Allium sativum

Höhe: 50 cm
Erntezeit: Juni – November
zweijährige Zwiebelpflanze

➤ **besonders würzstark**

Aussehen: lange, schmale, nach unten hängende Blätter; im Juli/August weißlicher, kugeliger Blütenstand auf langem, glattem Stängel
Boden: nährstoffreich
Pflege: anspruchslos; Zehen im April ca. 5 cm tief in den Boden stecken
Ernte: junge Blätter ab dem Austrieb; Knollen nach dem Einzug der Blätter im Herbst
Verwendung: Blätter wie Schnittlauch; Knollen für Kräuterbutter, Salate und Lammfleischgerichte

Lavendel
Lavandula angustifolia

Höhe: 50 cm
Erntezeit: ganzjährig
mehrjähriger Halbstrauch

➤ **blüht und duftet stark** ✿

Aussehen: verholzender Kleinstrauch mit silbrig-nadeliger Belaubung; im Juli blaue Blüten
Boden: nicht zu feucht, auch kalkhaltig
Pflege: Rückschnitt im Frühjahr; benötigt in rauen Lagen einen Winterschutz
Ernte: Triebspitzen oder Blätter laufend bis zum Beginn der Blüte; Blüten mit dem Öffnen
Verwendung: frische oder getrocknete Blätter zu Lammgerichten; getrocknete Blüten für Kräuterkissen, Duftöl oder florale Dekorationen

Oreganum
Origanum vulgare

Höhe: 50 cm
Erntezeit: April – November
mehrjähriges Würzkraut

➤ **reich blühend** ✿

Aussehen: buschiger Wuchs; kleine, fein behaarte Blätter; Juli – Oktober rosa Blüten
Boden: kalkhaltig, nicht zu feucht, eher trocken
Pflege: kompletter Rückschnitt im Frühjahr; ältere Pflanzen teilen und neu einpflanzen
Ernte: laufend junge, noch krautige Triebe; Blätter am besten während der Blüte
Verwendung: frisch oder getrocknet zu Pizza, Spagettigerichten, Gemüse- und Kartoffeleintöpfen; Blütenstängel für Kräutersträuße

Rosmarin
Rosmarinus officinalis

Höhe: 70 cm und höher
Erntezeit: ganzjährig
mehrjähriger Halbstrauch

➤ **nicht ganz winterhart**

Aussehen: buschiger Wuchs; dunkle, immergrüne, nadelförmige Blätter; Mai – Juni lila, weiße oder rote Blüten
Boden: kalkhaltig und durchlässig, eher trocken
Pflege: Formschnitt im Frühjahr; benötigt in rauen Lagen einen Winterschutz
Ernte: ab Mai laufend frische zarte Triebspitzen und Blätter
Verwendung: frisch oder getrocknet zu Lamm, Kartoffel- und Gemüsegerichten (immer mitgaren, um das Aroma auszuschöpfen)

Thymian
Thymus vulgaris

Höhe: 30 cm
Erntezeit: ganzjährig
mehrjähriger Zwergstrauch

➤ **sehr aromatisch** ✿

Aussehen: niedriger Busch; kleine schmale immergrüne Blätter; Mai – September weißliche bis lila Blüten
Boden: trocken, durchlässig
Pflege: anspruchslos; ältere Pflanzen zurück schneiden
Ernte: ab Mai laufend frische junge Triebe und Blätter
Verwendung: frisch oder getrocknet für Soßen, Lamm, Kartoffeleintöpfe, Hülsenfrüchte (muss mitgegart werden); getrocknet als Tee bei Husten und Erkältung; in Kräuterkissen

Kräuter für die feine Küche

Ihren Reiz haben sie letztlich alle – jedes Küchenkraut in seiner speziellen Verwendung. Allerdings gibt es neben eher deftigen Kräutern auch solche Gaumenfreuden, die die Herzen eines Feinschmeckers höher schlagen lassen. Ihrer feinen Würze wegen sollten diese Küchenkräuter eher in kleineren Mengen verwendet werden. Probieren Sie auch einmal das Kochen von Hülsenfrüchten mit reichlich Bohnenkraut, wenn Ihnen grüne oder auch entkernte Bohnen bislang eher »auf dem Magen lagen«. Entscheiden Sie sich bei der Wahl des Estragons eher für den Französischen oder den Aromatischen, so genannten »Deutschen Estragon«. Diese beiden Formen sind aromatischer als der Russische Estragon. Dieser allerdings hat den Vorzug, winterhärter zu sein. Kerbel ist ein Frühjahrsgenuss, der seinesgleichen sucht, und Salbei ist ein Muss für hell gegartes Schweinefleisch.

Bohnenkraut
Satureja hortensis

Höhe: 40 cm
Erntezeit: Juni – September
einjähriges Würzkraut

➤ **durchdringende Würze**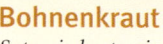

Aussehen: buschiger Wuchs; schmale, zarte, stark duftende Blätter an aufrechten, reich verzweigten Stängeln; im Juni/Juli hellviolette Blüten
Boden: humos und durchlässig
Pflege: anspruchslos; Aussaat im Mai direkt ins Freiland, am besten zwischen Busch- oder Stangenbohnen
Ernte: ab Mai laufend frische junge Blätter und Triebe
Verwendung: frisch oder getrocknet hauptsächlich für Bohnengerichte als Geschmacksgeber und Verdauungsförderer

Estragon
Artemisia dracunculus

Höhe: 50 cm
Erntezeit: Mai – Oktober
mehrjähriges Würzkraut

➤ **sehr ergiebig**

Aussehen: hoher Busch mit verzweigten Stängeln; Blätter schmal; August – Oktober grünliche Blüten
Boden: nahrhaft, durchlässig, ausreichend feucht
Pflege: kompletter Rückschnitt mit der Haupternte; Winterschutz bei Aromatischem Estragon
Ernte: Mai – August laufend frische Triebe und Blätter
Verwendung: frisch zu Salaten, Fisch, feinen Soßen und Dressings, für die Vinaigrette und zum Aromatisieren von Essig

 pflegeleicht   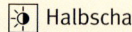 Sonne   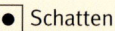 Halbschatten   ● Schatten

Kerbel
Anthriscus cerefolium

Höhe: 50 cm
Erntezeit: Mai – Oktober
einjähriges Würzkraut

➤ **besonders aromatisch**

Aussehen: ähnlich wie Petersilie; Stängel hohl, mehrfach verzweigt; Blätter hellgrün, gefiedert; weiße Doldenblüten ca. 8 Wochen nach der Aussaat
Boden: locker, tiefgründig, nahrhaft
Pflege: unkompliziert; nicht zu trocken halten, sonst erfolgt rasche Blüte; stets für Folgesaaten sorgen
Ernte: ab Mai laufend junge Triebe oder Blätter
Verwendung: frisch für Kerbelrahmsuppe, Käse- und Eierspeisen; nicht mitgaren

Pfefferminze
Mentha x piperita

Höhe: 50 cm
Erntezeit: Juni – Oktober
mehrjähriges Würzkraut

➤ **stark wüchsig** ✿

Aussehen: hoher Busch; vierkantige Stängel, längliche, gezähnte Blätter; Juli/August rosa bis violette Blüten
Boden: humos, feucht
Pflege: anspruchslos; durch Rückschnitt bändigen; Vermehrung durch Teilen oder Abtrennen der Ausläufer
Ernte: ab Mai bis zur Blüte junge Triebe oder Blätter
Verwendung: frisch zum Aromatisieren und Dekorieren von Süßspeisen und Erfrischungsgetränken; frisch oder getrocknet als erfrischender Tee

Salbei
Salvia officinalis

Höhe: ca. 50 cm
Erntezeit: ganzjährig
mehrjähriger Halbstrauch

➤ **winterhart** ✿

Aussehen: verholzende Triebe mit silbergrauem Laub; März – April hellblaue Blüten; auch buntlaubige Sorten erhältlich
Boden: nicht zu nahrhaft, kalkhaltig, nicht zu feucht
Pflege: Rückschnitt im Frühjahr, benötigt in raueren Lagen einen Winterschutz
Ernte: frische Blätter und Triebspitzen; zum Trocknen, aber nicht zum Einfrieren geeignet
Verwendung: als Tee gegen Halsschmerzen bei Erkältungen; zum Kochen von Fleisch und Pastasoßen

Noch mehr Küchenkräuter

Küchenkräuter

Name	Licht	Boden	Erntezeit/ Erntegut	Wuchshöhe/ Lebensdauer	Verwendung
Anis *Pimpinella anisum*	☼	guter Gartenboden	Sept. Samen	40–60 cm einjährig	für Gebäcke und Liköre
Barbarakraut *Barbarea vulgaris*	◑	feucht, lehmhaltig	Juni – Sept. Blätter	30–60 cm zweijährig	als »Winterkresse«
✿ **Beifuß** *Artemisia vulgaris*	☼	jeder Gartenboden	Juli – Sept. Knospenstände	bis 1,5 m mehrjährig	zu fetten Braten, Pilzen
Brunnenkresse *Nasturtium officinale*	☼	sehr feucht	April – Aug. junge Triebe	10–40 cm einjährig	zu Salaten
Chinesischer Lauch *Allium odorum*	☼	guter Gartenboden	Juni – Sept. Laub	50 cm einjährig	wie Schnittknoblauch, aber deutlich leckerer
Etagenzwiebel *Allium cepa var. viviparum*	☼	guter Gartenboden	April – Sept. Zwiebeln	30–120 cm einjährig	wie Zwiebel und Schnittlauch
✿ **Kleine Kapuzinerkresse** *Tropaeolum minus*	☼ ◑	nährstoffreich, feucht	Juni – Okt. Blätter, Blüten	15–30 cm einjährig	Blätter zu Salat, Kräuterquark; Blüten zur Dekoration
Koriander *Coriandrum sativum*	☼	guter Gartenboden	Juli – Sept. Samen	30–70 cm einjährig	Brot-, Einmachgewürz, zu Curry, in Fleischbeizen
Kümmel *Carum carvi*	☼	guter Gartenboden	Juli – Aug. Samen	60–100 cm zweijährig	Kohlgerichte, Schweinebraten, zum Brotbacken
Löffelkraut *Cochlearia officinalis*	☼	feucht	ganzjährig junge Blätter	10–30 cm zweijährig	zu Salaten, Kräuterquark, als »Winterkresse«
✿ **Meerrettich** *Armoracia rusticana*	☼ ◑	guter Gartenboden	Okt. – März Wurzeln	bis 1,5 m mehrjährig	gerieben zu Fleisch- und Fischsoßen; auch als Einmachgewürz
Moldavienmelisse *Dracocephalum moldavicum*	☼	guter Gartenboden	April – Okt. junge Blätter	50–80 cm einjährig	in geringen Mengen, wie Melisse
Orangenthymian *Thymus vulg. fragrantissimus*	☼	guter Gartenboden	Mai – Nov. Blätter und Triebe	20–30 cm mehrjährig	für mediterrane Fleischgerichte
✿ **Pimpinelle** *Sanguisorba minor*	☼	kalkhaltig	Mai – Okt. junge Blätter	30–50 cm mehrjährig	zu Salaten, Kräuterquark, als »Winterkresse«

Name	Licht	Boden	Erntezeit/ Erntegut	Wuchshöhe/ Lebensdauer	Verwendung
Portulak *Portulaca oleracea*	☀	feucht, humos	Juni – Sept. junge Blätter	20–30 cm einjährig	zu Salaten, Kräuterquark
Rauke *Eruca sativa sativa*	☀	nährstoffreich, feucht	Mai – Sept. junge Blätter	20–30 cm zweijährig	zu Salaten, Kräuterquark und -broten
✿ **Sauerampfer** *Rumex acetosa*	☀ ◑	nährstoffreich, feucht	April – Okt. Blätter	60 cm mehrjährig	für Suppen und Salate
Schalotten *Allium ascalonicum*	☀	guter Gartenboden	Juli – Sept. Zwiebeln	50–80 cm einjährig	wie Zwiebeln, jedoch feinwürziger
Schnittknoblauch *Allium tuberosum*	☀	guter Gartenboden	Juni – Okt. Triebe, Blüten	20–40 cm einjährig	wie Schnittlauch; Blüten samt Stiel (gedünstet)
✿ **Senf** *Sinapis alba*	☀	guter Gartenboden	April – Okt. junge Blätter	50–80 cm einjährig	zu Salaten und Kräuterquark, wie Gartenkresse
Stevia *Stevia rebaudiana*	☀	nahrhaft, nicht zu trocken	Juni – Sept. Blätter	50 cm einjährig	als Ersatz von Süßstoff
✿ **Tripmadam** *Sedum reflexum*	☀	jeder Gartenboden	ganzjährig junge Blätter	bis 30 cm mehrjährig	zu Salaten
Waldmeister *Galium odoratum*	◑	humos, frisch, kalkhaltig	April junge Triebe	10–30 cm mehrjährig	für Maibowle; nicht zu große Mengen genießen
Wermut *Artemisia absinthum*	☀	trocken, jeder Gartenboden	Mai – Okt. Blätter	60–120 cm mehrjährig	zu Braten und kräftigen Suppen, für Liköre; als Tee
✿ **Winterheckzwiebel** *Allium fistulosum*	☀	guter Gartenboden	März – Okt. junges Laub	30–100 cm mehrjährig	für Salate, Kräuterquark
Winterportulak *Montia sibirica*	◑	feucht, nahrhaft	Sept. – März Blätter	bis 25 cm zweijährig	zu Salaten, Kräuterquark, als »Winterkresse«
Ysop *Hyssopus officinalis*	☀	leichte Gartenböden	April – Nov. Blätter	30–60 cm mehrjährig	kleine Mengen (!) zu fetten Braten, zu Kräuterquark
Zimmerknoblauch *Tulbaghia violacea*	☀	guter Gartenboden	ganzjährig Laub	bis 30 cm einjährig	wie Schnittlauch
Zitronenthymian *Thymus citriodorus*	☀	guter Gartenboden	Mai – Nov. junge Triebe	20–30 cm mehrjährig	für alles, was Thymian mit zitronigem Hauch verträgt
Zitronenverbene *Aloisia triphylla*	☀	feucht, nahrhaft	Mai – Juli Blätter	bis 1,5 m mehrjährig	für Getränke, Süßspeisen

Heil- und Wildkräuter

Heilkräuter

Name	Licht	Boden	Erntezeit/ Erntegut	Wuchshöhe/ Lebensdauer	Verwendung
Alant *Inula helenium*	☀☽	nährstoffreich	Okt. – März Wurzeln	bis 2 m mehrjährig	bei Bronchialkatarr und Verdauungsschwäche
✿ **Augentrost** *Euphrasia officinalis*	☀☽	guter Gartenboden	Juli – Sept. Kraut	30 cm einjährig	abgekochtes Kraut zu Umschlägen gegen tränende Augen
Blutweiderich *Lythrum salicaria*	☀	feucht, nährstoffreich	Juni – Aug. Blüten, Blätter	bis 1 m mehrjährig	Tinktur gegen leichte Durchfälle
Bockshornklee *Trigonella foenum-graecum*	☀	trocken, mager	Aug. – Sept. Samen	20–40 cm einjährig	Tee gegen Appetitlosig-keit
Engelwurz *Angelica archangelica*	☀	feucht, nährstoffreich	Okt. – März Wurzeln April – Juni junge Blätter	bis 2,5 m zweijährig	Wurzeltee gegen Magen- und Leberschwäche, junge Blätter als süßliche Note für Soßen und Salate
Fieberklee *Menianthes trifoliata*	☀	sumpfig, nährstoffreich	Mai – Sept. Blätter	bis 30 cm mehrjährig	Tee bei Verdauungs-schwäche und Gastritis
Gänsefingerkraut *Potentilla anserina*	☀	mager	Mai – Sept. Blätter	bis 10 cm mehrjährig	Tee bei Magen- und Darm-krämpfen
✿ **Goldrute** *Solidago virgaurea*	☀	jeder Gartenboden	Juli – Sept. Kraut	bis 1 m mehrjährig	Tee bei Darmentzündun-gen, Durchfällen
Herzgespann *Leonurus cardiaca*	☀☽	guter Garten-boden, nähr-stoffreich	Juli – Sept. ganzes Kraut	bis 1 m mehrjährig	Beruhigungstee
Indianernessel *Monarda didyma*	☀	nährstoffreich, feucht	Mai – Juni Blätter vor der Blüte	bis 1 m mehrjährig	Tee gegen Blähungen und Menstruations-beschwerden
✿ **Johanniskraut** *Hypericum perforatum*	☀	trocken, durchlässig	Juli – Aug. Blüten, Blätter	bis 50 cm mehrjährig	Tee bei depressiven Verstimmungen
Kalmus *Acorus calamus*	☀☽	feucht, nährstoffreich	Sept. – Okt. Wurzeln	bis 50 cm mehrjährig	Tee gegen Verstopfung
Malve *Malva moschata*	☀☽	leicht durchlässig	Juni – Sept. Blätter	bis 90 cm mehrjährig	Blätter als beruhigende Breiumschläge

Name	Licht	Boden	Erntezeit/ Erntegut	Wuchshöhe/ Lebensdauer	Verwendung
Quendel *Thymus pulegioides*	☼	guter Gartenboden	Juli – Aug. Kraut	bis 20 cm mehrjährig	Hustentee, antiseptische Wirkung
Rhabarber *Rheum rhabarbarum*	☼ ◐	nahrhaft, nicht zu trocken	Mai – Juni Blattstiele	bis 60 cm mehrjährig	Kompott der Blattstiele als mildes Abführmittel
Schlüsselblume *Primula veris*	☼ ◐	feucht	April – Mai Blüten	bis 30 cm mehrjährig	Blüten und Wurzeln als Hustentee
✿ **Spitzwegerich** *Plantago lanceolata*	☼	sonnig, trocken	April – Okt. Blätter	bis 25 cm mehrjährig	Tee gegen Husten

Wildkräuter

Name	Licht	Boden	Erntezeit/ Erntegut	Wuchshöhe/ Lebensdauer	Verwendung
Bärlauch *Allium ursinum*	●	feucht, humos	April – Mai junge Blätter	20—30 cm zweijährig	für Salate, Kräuterquark, Rahmsuppe
Beinwell *Symphytum officinale*	☼	feucht, humos	Mai – Sept. Blätter	bis 1,5 m mehrjährig	gedünstet; Blätter im Bierteigmantel
✿ **Brennnessel** *Urtica dioica*	◐	feucht, nährstoffreich	April – Juni Triebspitzen	bis 1 m mehrjährig	wie Spinat
✿ **Gänseblümchen** *Bellis perennis*	☼	jeder Gartenboden	April – Sept. Blätter, Blüten	bis 15 cm mehrjährig	Blätter und Blüten in Salaten
✿ **Gartenmelde** *Atriplex hortensis*	☼	frisch, nährstoffreich	April – Mai junge Blätter	bis 1,5 m zweijährig	wie Spinat
✿ **Giersch** *Aegopodium podagraria*	◐	jeder Gartenboden	April – Mai junge Blätter	bis 25 cm mehrjährig	junge Blätter zu Salaten, Kräuterquark und -butter
Guter Heinrich *Chenopodium bonus-henricus*	☼	nährstoffreich	April – Mai junge Blätter	bis 1,2 m mehrjährig	wie Spinat
Knoblauchsrauke *Alliaria petiolata*	◐	nährstoffreich, frisch	Mai junge Blätter	bis 40 cm zweijährig	zu Salaten, Suppen, Fleischgerichten
✿ **Löwenzahn** *Taraxacum officinale*	☼	frisch, nährstoffreich	April junge Blätter	bis 30 cm mehrjährig	Salate
✿ **Vogelmiere** *Stellaria media*	☼	frisch, nährstoffreich	ganzjährig Blätter, Triebe	bis 10 cm mehrjährig	gedünstet, in Suppen und Salaten

Arbeitskalender

Januar – April: Der Start ins Kräuterjahr

JANUAR

➤ **Auswählen:** Jetzt ist ausreichend Zeit zum Sichten von Kräuterkatalogen.

➤ **Anlegen:** Kresse auf der Fensterbank nachsäen; Schnittlauch antreiben.

➤ **Gestalten:** Neue Beete skizzieren.

➤ **Pflegen:** Überprüfen Sie die Kräutertöpfe im Winterquartier; gelegentlich etwas gießen

➤ **Ernten:** Bei frostfreiem Boden Meerrettichwurzeln ausgraben; Löffelkraut ernten.

FEBRUAR

➤ **Auswählen:** Jetzt Erntemengen planen und neue Pflanzen beim Gärtner vorbestellen.

➤ **Anlegen:** Bei frostfreiem Wetter Wintersteklinge schneiden; ab Monatsende Dill und Petersilie auf der Fensterbank aussäen.

➤ **Gestalten:** Pläne zu Ende bringen.

➤ **Pflegen:** Beginnen Sie mit der Schalenaussaat von Petersilie, Dill und Schnittlauch auf der Fensterbank.

Mai – August: Hochsaison im Kräutergarten

MAI

➤ **Anlegen:** Weitere Direktsaaten vornehmen; Zwiebeln stecken.

➤ **Gestalten:** Nach den Eisheiligen Kübelpflanzen ins Freie stellen.

➤ **Pflegen:** Sämlinge und überwinterte Kräuterpflanzen ans Freiland gewöhnen.

➤ **Ernten:** Erste Freilandernten von Petersilie, Kerbel, Gartenkresse, Minze, Thymian und Schnittlauch möglich.

JUNI

➤ **Anlegen:** Nachsaaten von Kerbel, Dill und Gartenkresse; im letzten Junidrittel Sommerstecklinge machen.

➤ **Gestalten:** Formschnitt an Lavendel, Rosmarin, Salbei und anderen verholzenden Stauden vornehmen.

➤ **Pflegen:** Unkraut entfernen; Pflanzen auf Schädlinge kontrollieren; mulchen.

➤ **Ernten:** Beginn der Haupterntezeit.

September – Dezember: Ausklang der Kräutersaison

SEPTEMBER

➤ **Auswählen:** Bestimmen Sie, welche Stauden geteilt werden müssen.

➤ **Anlegen:** Ausläufer abnehmen; Stauden teilen und neu pflanzen.

➤ **Gestalten:** Im Zuge des Staudenteilens jetzt fällige Umgestaltungen im Beet vornehmen.

➤ **Pflegen:** Besonders auf Mehltau achten.

➤ **Ernten:** Kräuter zum Trocknen aufhängen.

OKTOBER

➤ **Gestalten:** Balkongärten noch vor dem Frost umgestalten.

➤ **Pflegen:** Einwintern der empfindlichen Kübelkräuter vor dem ersten Frost; empfindliche Kräuter im Freiland abdecken.

➤ **Ernten:** Wurzeln ausgraben; Schnittlauch für das Antreiben im Haus ausgraben, teilen und in Töpfe pflanzen.

MÄRZ

➤ **Auswählen:** Lassen Sie sich im Gartencenter von neuen Arten und Sorten inspirieren.

➤ **Anlegen:** In milden Lagen kann schon Kerbel ins Freiland gesät werden.

➤ **Pflegen:** Beete vorbereiten; Pikieren der Sämlinge; Kontrolle der Kräutertöpfe im Winterquartier; evtl. Umtopfen großer Stauden.

➤ **Ernten:** Erstes Grün der Winterheckzwiebeln; Kräuter auf der Fensterbank.

APRIL

➤ **Auswählen:** Neue Kräuter zum Pflanzen oder Säen besorgen.

➤ **Anlegen:** In geschützten Lagen schon erstes Pflanzen und Freilandaussaat möglich.

➤ **Pflegen:** Noch vor dem Neuaustrieb große Stauden teilen; Freilandsämlinge vor Nachtfrost schützen.

➤ **Ernten:** Kräuter von der Fensterbank; zum Monatsende erster Kerbel aus dem Freien.

JULI

➤ **Anlegen:** Weiterhin Nachsaaten durchführen und neue Pflanzen einsetzen.

➤ **Gestalten:** Balkon- und Terrassengärten ggf. nachpflanzen.

➤ **Pflegen:** Pflanzen gut auf Schädlinge kontrollieren; bei Trockenheit gießen und anspruchsvollere Kräuter düngen; regelmäßige Kontrolle der Sommerstecklinge.

➤ **Ernten:** Haupterntezeit für frische Kräuter.

AUGUST

➤ **Anlegen:** Bis Monatsende sind noch letzte Nachsaaten möglich.

➤ **Pflegen:** Bodenpflege in den Beeten (Unkräuter entfernen, Boden lockern, Mulchen); bei Trockenheit gießen; noch Schädlingskontrolle; zur Vermeidung von Selbstaussaaten rechtzeitig Samenstände entfernen.

➤ **Ernten:** Weiterhin Haupterntezeit aller frischer Kräuter.

NOVEMBER

➤ **Anlegen:** Beete mit Lehmboden umgraben und zum Durchfrieren im Winter offen liegen lassen.

➤ **Pflegen:** Gelegentliche Kontrolle des Winterschutzes im Freien; regelmäßige Kontrolle der Kübelkräuter im Winterquartier.

➤ **Ernten:** Erstes Grün von angetriebenem Schnittlauch auf der Fensterbank.

DEZEMBER

➤ **Auswählen:** Jetzt ist Zeit, um neue Gartenkataloge zu bestellen.

➤ **Pflegen:** Kübelpflanzen im Winterquartier auf Schädlinge und Krankheiten kontrollieren, selten und mäßig gießen; gelegentliche Kontrolle des Winterschutzes im Freien.

➤ **Ernten:** Wenn der Boden offen ist, weiterhin Wurzelkräuter ernten.

Die **halbfett** gesetzten Seitenzahlen verweisen auf Abbildungen.

Literatur

Kötter, E.: Küchengarten frisch & lecker. Gräfe und Unzer Verlag, München

Simon, H., Becker, J. und Nickig, M: Das große GU Gartenbuch. Gräfe und Unzer Verlag, München

Adressen

Staudengärtnerei Dieter Gaissmayer
Jungviehweide 3
89257 Illertissen
Tel. 07303/7258
www.staudengaissmayer.de

Fa. Rühlemanns
Kräuter und Duftpflanzen
Auf dem Berg 2
27367 Horstedt
Tel. 04288/928558
www.ruehlemanns.de

Duftgeranien Stegmeier
Dieter Stegmeier
Unteres Dorf 7
73457 Essingen
Tel. 07365/230
www.pelargonien-stegmeier.de

Raritätengärtnerei Familie Treml
Eckerstraße 32
93471 Arnbruck
Tel. 09945/905100
www.pflanzentreml.de

Bildnachweis

42 o.; Caspersen: 15; Fischer: 3 re., 28, 29; Laux: 33 re.; L'eveque/ Bischof: 33 li.; Mein schöner Garten/Krieg: U2/ 1, 42 u.; Mein schöner Garten/Stork: 12, 16 u.; Nickig: 24, 30, U4 li.; Pforr: 38, 44/45; PhotoPress/Kuh: 8; Picture Press: 7; Redeleit: 18, 27, 49 li., 53 re.; Reinhard: 6, 9, 43; Schneider/ Will: 2/3, 32, 40, 48 re.; Strauß: 16 o., 17, 31; Sulzberger: 36.

Fotos auf dem Umschlag und im Innenteil: Umschlagvorderseite: Salbei und Petersilie; Umschlag innen/S. 1: Pflanztreppe mit Kräutertöpfen; S. 4/5: Angießen; S. 42/43: Ringelblumen; S. 64: Lavendel; Umschlagrückseite: Kräuter in Töpfen (li.), Pflanzloch ausheben (mi.), Lavendel (re.).

Dank

Verlag, Autor und der Fotograf H. Bornemann danken der Alten Gärtnerei in Taufkirchen und dem Botanischen Garten München-Nymphenburg, wo ein Großteil der Stepps und der Pflanzenporträts entstanden ist.

Wichtige Hinweise

➤ Die meisten der vorgestellten Arten und Sorten sollten nicht im Übermaß verzehrt werden.
➤ Bewahren Sie Dünge- und Pflanzenschutzmittel für Kinder und Haustiere unerreichbar auf.
➤ Wenn Sie sich bei der Gartenarbeit verletzen, sollten Sie umgehend einen Arzt aufsuchen. Eventuell ist eine Impfung gegen Tetanus erforderlich.

Impressum

© 2002 Gräfe und Unzer Verlag GmbH, München
Alle Rechte vorbehalten. Nachdruck, auch auszugsweise, sowie Verbreitung durch Film, Funk, Fernsehen und Internet, durch fotomechanische Wiedergabe, Tonträger und Datenverarbeitungssysteme jeder Art nur mit schriftlicher Genehmigung des Verlages.

Redaktion: Angelika Holdau
Lektorat: Sonnhild Bischoff
Requisite: Jeanette Heerwagen
Umschlaggestaltung und Layout: independent Medien-Design, München
Produktion: Ute Hausleiter
Satz: Uhl+ Massopust, Aalen
Reproduktion: Longo, Bozen
Druck und Bindung: Kaufmann, Lahr
Printed in Germany

ISBN 3-7742-3633-X

Auflage	5	4	
Jahr	2005	2004	2003

Der Autor

Engelbert Kötter ist Staatlich geprüfter Gartenbautechniker mit langjähriger Berufserfahrung. Als freier Journalist arbeitet er heute nicht nur für namhafte Gartenzeitschriften und für das Fernsehen. Mit mehreren Gartenbüchern und in praxisnahen Vorträgen steht er auch Gartenfreunden mit Rat und Tat zur Seite.

GU PFLANZENRATGEBER

Wenig tun, viel genießen.

ISBN 3-7742-3619-4
64 Seiten
7,90 € (D)

ISBN 3-7742-3621-6
64 Seiten
7,90 € (D)

ISBN 3-7742-3624-0
64 Seiten
7,90 € (D)

ISBN 3-7742-3622-4
64 Seiten
7,90 € (D)

ISBN 3-7742-3643-7
64 Seiten
7,90 € (D)

Gärtnern schnell und einfach? Gar
kein Problem! Das 5-Stufen-Erfolgs-
programm zeigt Ihnen, wie's geht.

➤ Praxisnähe in Bestform

➤ Die Top 20: die beliebtesten Pflanzen im Porträt

➤ Arbeitskalender fürs ganze Jahr

➤ Sonderseiten mit tollen Deko- und Party-Ideen

➤ Erfolgsgarantie mit den 10 GU-Erfolgstipps

1

STANDORT WÄHLEN

Legen Sie Ihre Kräuterpflanzungen im Garten so an, dass sie **sonnig und geschützt** liegen. Sie sollen jederzeit vom Haus aus leicht und sauberen Fußes **gut erreichbar** sein! Günstig wären auch noch ein nahe gelegener Wasseranschluss oder zumindest eine Regentonne.

So haben Sie Freude an Ihren Küchenkräutern

4

GIESSEN MIT GEFÜHL

Kontrollieren Sie Ihre Kräuter regelmäßig auf Trockenheit oder Übernässung. Vermeiden Sie **Staunässe**. Entfernen Sie überschüssiges Wasser, und achten Sie auf **guten Wasserabzug** in Töpfen, Kübeln und Kästen. Erleichtern Sie sich das Gießen durch eine automatische Bewässerung.

7

KRÄUTER VERMEHREN

Am leichtesten gelingen **Aussaaten**. Schützen Sie Sämlinge im Freiland durch eine **Folienabdeckung**. Gewöhnen Sie im Haus angezogene Sämlinge langsam an das Klima im Freien. Kontrollieren Sie **Stecklinge** regelmäßig auf passende Feuchtigkeit und Wärme.

8

KRÄUTER ÜBERWINTERN

Schützen Sie Kräuter im Garten oder auf dem Balkon vor **Frost**. Wässern Sie Immergrüne vor Wintereinbruch gründlich. Bedecken Sie die Kräuter mit Vlies oder Reisig. Empfindliche **Kübelkräuter** ins Haus holen, hell bei ca. 5 °C halten, selten gießen.